RONALD
STEWART
R.

O QUE É O
**LIBERA
LISMO**

# DONALD STEWART JR.

# O QUE É O LIBERALISMO

PREFÁCIO POR **ALEX CATHARINO**

8ª Edição

São Paulo | 2023

Copyright © 1988 by Donald Stewart, Jr. © 2018 by Ana Stewart, Denise Manga Stewart, Izabel Stewart, Helena Stewart & Paulo Stewart

Os direitos desta edição pertencem à LVM Editora, sediada na
Rua Leopoldo Couto de Magalhães Júnior, 1098, Cj. 46
04.542-001 • São Paulo, SP, Brasil
Telefax: 55 (11) 3704-3782
contato@lvmeditora.com.br

**Gerente Editorial** | Chiara Ciadarot
**Editor-chefe** | Pedro Henrique Alves
**Revisão ortográfica e gramatical** | Márcio Scansani / Armada
**Preparação dos originais** | Alex Catharino
**Revisão final** | Clarisse Cintra / BR 75
**Produção editorial** | Alex Catharino e Silvia Rebello
**Capa** | Mariangela Ghizellini

Impresso no Brasil, 2023

Dados Internacionais de Catalogação na Publicação (CIP)
Angélica Ilacqua CRB-8/7057

| S871q | Stewart Jr., Donald, 1931-1999 |
| --- | --- |
| | O que é o liberalismo/Donald Stewart Jr.; prefácio de Alex Catharino. |
| | 8ª edição – São Paulo: LVM Editora, 2023. |
| | 176 p. |
| | |
| | Bibliografia |
| | ISBN 978-65-5052-082-3 |
| | |
| | 1. Ciências Sociais 2. Política e governo 3. Liberalismo 4. Economia do mercado 5. Estado – Intervenção 6. Ação Social 7. Escola austríaca de economistas I. Título II. Catharino, Alex |
| 19-2038 | CDD 320.51 |

Índices para catálogo sistemático:

1. Liberalismo 320.51

Reservados todos os direitos desta obra.

Proibida a reprodução integral desta edição por qualquer meio ou forma, seja eletrônica ou mecânica, fotocópia, gravação ou qualquer outro meio sem a permissão expressa do editor. A reprodução parcial é permitida, desde que citada a fonte.

Esta editora se empenhou em contatar os responsáveis pelos direitos autorais de todas as imagens e de outros materiais utilizados neste livro. Se porventura for constatada a omissão involuntária na identificação de algum deles, dispomo-nos a efetuar, futuramente, as devidas correções.

# SUMÁRIO

9  PREFÁCIO À 6ª EDIÇÃO
   Revisitando o legado de Donald Stewart Jr. ao liberalismo
   *Alex Catharino*

   O QUE É O LIBERALISMO

21  Agradecimentos
23  Introdução

33  Capítulo I
    O "renascimento" do pensamento liberal
33      I.1 – O apogeu do liberalismo
37      I.2 – O declínio do liberalismo
39      I.3 – O abandono do liberalismo
43      I.4 – A social-democracia
44      I.5 – A lógica do intervencionismo
46      I.6 – A explicitação da ideia liberal
51      I.7 – O "renascimento" do pensamento liberal

| | |
|---|---|
| 55 | I.8 – A divulgação das ideias liberais |
| 56 | I.9 – O neoliberalismo |
| | |
| 61 | **Capítulo II**<br>Ação humana e economia |
| 61 | II.1 – Ação humana |
| 66 | II.2 – A sociedade humana |
| 67 | II.3 – A cooperação social |
| 69 | II.4 – As regras de justa conduta |
| 73 | II.5 – O mercado |
| 76 | II.6 – O lucro |
| 80 | II.7 – A função empresarial |
| 83 | II.8 – A competição |
| 88 | II.9 – A igualdade de oportunidade |
| 94 | II.10 – A acumulação de capital |
| 97 | II.11 – Gestão empresarial e gestão burocrática |
| 100 | II.12 – O "grau de servidão" |
| 103 | II.13 – A importância da economia |
| 105 | II.14 – A importância das instituições |
| | |
| 109 | **Capítulo III**<br>O que é o liberalismo |
| 110 | III.1 – Os pilares do liberalismo |
| 112 | III.2 – Liberdade econômica |
| 115 | III.3 – Liberdade política |
| 117 | III.4 – Princípios gerais |
| 118 | III.5 – O papel do Estado |

| | |
|---|---|
| 120 | III.6 – A divisão de poderes |
| 123 | III.7 – A garantia do mínimo |
| 124 | III.8 – Os impostos |
| 126 | III.9 – As tarifas aduaneiras |
| 130 | III.10 – Autoridade monetária |
| 134 | III.11 – Declaração de princípios |
| 139 | Capítulo IV<br>A situação brasileira |

APÊNDICE

| | |
|---|---|
| 153 | Alguns casos concretos da realidade brasileira |
| 153 | I – A previdência social compulsória |
| 156 | II – O monopólio estatal do petróleo |
| 159 | III – A dívida externa |
| 161 | IV – As concorrências públicas |
| 163 | V – Os investimentos e as tarifas |
| 167 | Bibliografia |

## PREFÁCIO À 6ª EDIÇÃO

# REVISITANDO O LEGADO DE DONALD STEWART JR. AO LIBERALISMO

*Alex Catharino*

Longo é o percurso histórico que levou ao renascimento das ideias liberais no Brasil nesta segunda década do século XXI, na qual o liberalismo conquista espaço e novos adeptos, em particular entre os mais jovens. Existe um grave problema a ser enfrentado neste renascimento liberal brasileiro: uma parcela significativa das pessoas que compõem o movimento chamado de "Nova Direita", inclusive muitos adeptos do liberalismo, parece ignorar completamente o legado de nossas gerações anteriores, tanto de liberais quanto de conservadores. A nova geração emergente dos defensores da vida, da liberdade e da propriedade, bem como das instituições do Estado de Direito e da economia de livre mercado, que possibilitam na prática a existência de tais direitos individuais, necessita reconectar os elos da doutrina, por um lado, com as fontes teóricas universais e, por outro lado, com as tradições históricas do movimento em nosso país. Correndo o risco de que, se não observados, serem extintos por intermédio de falácias ideológicas ou discursos populistas.

Indubitavelmente, o papel desempenhado pelo saudoso Donald Stewart Jr. (1931-1999) foi um dos fatores mais importantes, ao longo das décadas de 1980 e de 1990, para que o pensamento liberal tenha o espaço que ocupa, atualmente, na esfera das ideias e no plano da política. Em grande parte, motivado pelas advertências sobre os riscos do intervencionismo econômico levar à destruição das liberdades individuais e políticas, tal como apresentadas no livro *The Road to Serfdom* [*O Caminho da Servidão*], de F. A. Hayek (1899-1992), e pela bem-sucedida experiência do Institute of Economic Affairs (IEA), *think tank* responsável pelas mudanças na opinião pública britânica que tornaram possível o governo de Margaret Thatcher (1925-2013), o engenheiro civil, empresário e ativista liberal Donald Stewart Jr. fundou, em 1983, o Instituto Liberal (IL). Essa entidade foi uma das mais importantes iniciativas liberais no Brasil, a ter traduzido e publicado inúmeros livros, desenvolvido propostas liberais de políticas públicas em diferentes áreas, elaborado pareceres sobre projetos de lei em trâmite no Legislativo, difundido ensaios de opinião, promovido cursos de formação e organizado seminários ou fóruns de debates, além de ter mantido uma biblioteca especializada sobre liberalismo na sede da instituição no Rio de Janeiro.

Vivenciei o trabalho desenvolvido pelo IL entre os anos de 1991 e 2004, tendo recebido parcela significativa de minha formação intelectual desta instituição. Foi nesta entidade que conheci o meu finado mentor Og Francisco Leme (1922-2004), diretor acadêmico do IL, que orientou meus estudos com aulas semanais entre os meses de maio de 1992 e janeiro de 2002, além de ter indicado leituras, estimulado a pesquisa e a escrita sobre a temática liberal, colocando-me em contato com diversos *think tanks* no exterior e apresentando-me para inúmeras pessoas, dentre elas o autor deste livro. Já tinha lido O *Que é o Liberalismo*, sendo leitura indicada em 1992 por meu mestre, quando finalmente tive a oportunidade de conhecer pessoalmente Donald Stewart Jr. em 1994, durante um evento. Na ocasião pedi um autógrafo em meu exemplar da 4ª edição da obra, no qual o autor escreveu: *"Para Alex, com a esperança de que este pequeno livro nos ajude a divulgar as vantagens da ordem liberal"*. Tomei essas palavras quase como um mandamento e, desde então, ainda como um estudante universitário de 19 anos, tornei-me um verdadeiro ativista na defesa de tais ideias, gastando uma parte de minha bolsa de pesquisador no Laboratório de História Antiga da Universidade Federal do Rio de Janeiro (LHIA-UFRJ) para comprar exemplares deste livro, que distribuía para os colegas, além de doar para diferentes bibliotecas de instituições de ensino superior no Rio de Janeiro. Tive a oportunidade de reencontrar com o Donald em 30 de março de 1995, durante o lançamento da 5ª edição revista e ampliada deste livro, pegando um autógrafo em um novo exemplar, no qual o autor escreveu: *"Para Alex Catharino, com a certeza que as ideias liberais haverão de prevalecer em nosso país"*. Na ocasião, contei a ele a pequena cruzada que estava promovendo e fui convidado para após o evento para ir jantar com ele, com o professor Og Francisco Leme e com o Roberto Campos (1917-2001), cujo trabalho já acompanhava há anos, mas que tive a oportunidade de conhecer pessoalmente naquela noite. Ao longo do jantar observava com profunda admiração a inteligência, o bom humor e a cordialidade dos três, que juntamente com doses de *whisky Johnnie Walker Red Label*, animavam toda a mesa, na qual, além de mim, estavam outros participantes. Em um momento no qual tinha a mesma inquietante sensação de estar na companhia da minha banda favorita ou de meus ídolos do cinema, o misterioso e cordial sorriso de Donald, em sinal de aprovação diante de algumas tímidas palavras minhas, sempre provocadas pelo professor Og, ofereceu para um jovem inseguro e relutante a confiança de que estava no caminho certo. Oferecido por Donald, fumei ao final desta noite memorável o meu primeiro charuto, tendo a oportunidade de repetir este ato outras vezes com ele. Após a experiência desse encontro memorável, tomei coragem e estimulado pelo professor Og, vez ou outra costumava encontrar com o Donald para tirar algumas dúvidas, em especial na leitura do tratado *Human Action* [*Ação Humana*], de Ludwig von Mises (1881-1973), livro que ele traduziu para o português, tendo feito posteriormente, também, a tradução do livro *Interventionism: An Economic Analysis* [*Intervencionismo: Uma Análise Econômica*], do mesmo autor. Finalmente, ao participar, no primeiro semestre de 1998, de um colóquio promovido pelo IL, ao longo de um final de semana no Portogalo Hotel, em Angra dos Reis, fui chamado pelo professor Og para ter uma conversa em privado com ele e com o Donald, na qual fui convidado pelos dois para trabalhar no IL como assistente acadêmico do professor Og, função que ocupei até 2003 e na qual tive a oportunidade única de organizar diversos cursos de formação sobre liberalismo, alguns deles com o próprio Donald como um dos palestrantes.

Relembrar esses acontecimentos de mais de duas décadas, além de despertar um certo saudosismo e ampliar a minha solidão intelectual pelo sentimento de ser o remanescente de uma geração que gradativamente desapareceu, traz um pouco de esperança, ao ver que todo o esforço do autor do presente livro está dando frutos em nossos dias. Acredito ser necessário para as novas gerações que estão conhecendo agora o nome de Donald Stewart Jr. falar um pouco sobre o homem por trás da obra. Nascido em 15 de abril de 1931 em uma família de canadenses que imigraram para o Brasil no início do século passado. Para ajudar nas despesas da casa, ainda muito jovem, foi trabalhar dobrando plantas na *ECISA*, uma empresa de Engenharia, na qual trabalhou por toda a vida, chegando ao cargo de presidente. Com o objetivo de ser promovido no emprego, decidiu cursar a faculdade de Engenharia Civil e ao se formar, dentre outros trabalhos na mesma empresa, foi responsável por obras na criação de Brasília, na construção das linhas de Metrô no Rio de Janeiro e, também, de projetos financiados pelo Banco Mundial no continente africano. A experiência com obras governamentais o fez entender na prática os problemas da ação estatal na economia, que complementada pelos estudos o levou a aderir ao liberalismo. No campo profissional, na busca de alternativas aos contratos com governos ou determinados órgãos internacionais, se tornou um dos pioneiros no ramo da construção de *shopping centers* em nosso país. Além de ter fundado e patrocinado o IL, esteve envolvido com diversas instituições liberais no exterior, incluindo a prestigiosa Sociedade Mont Pèlerin, da qual foi membro e promoveu no Brasil uma reunião em 1992, à qual compareceram diversos expoentes internacionais do pensamento liberal. A militância liberal de Donald não se limitou ao financiamento, à tradução de livros e à promoção de ideias por intermédio de palestras ou de artigos para jornais, tendo publicado os livros *O Que é o Liberalismo*, lançado originalmente em 1985, e *A Organização da Sociedade Segundo uma Visão Liberal*, de 1997, bem como escrito uma proposta liberal, em 1995, na qual oferece soluções para o problema da habitação popular e os trabalhos *A Concorrência e a Livre Iniciava*, de 1987, *Correntes do Pensamento Econômico*, de 1992, e *A Lógica da Vida*, de 1999, todos editados pelo IL. Um de nossos objetivos é reeditar pela LVM Editora tais obras citadas. Infelizmente, a morte prematura em 3 de novembro de 1999, interrompeu a batalha de Donald por um Brasil mais livre, mais justo e mais próspero, no qual os governantes parassem de roubar o futuro das pessoas, em especial das mais pobres. Uma parcela de seu legado foi reconhecida pelo professor Antonio Paim, na décima seção do capítulo 29, no livro *História do Liberalismo Brasileiro*, reeditado em 2018 pela LVM Editora, mas lançado originalmente no ano de 1997.

Em meus breves contatos com o Donald Stewart Jr., sempre tive uma certa reverência por sua figura, ao mesmo tempo espirituosa e reservada, o que impediu uma maior aproximação, em grande parte devido a minha própria timidez, que, vez ou outra, era quebrada por toda a gentileza com a qual eu era tratado por ele. Gradativamente, Donald tentava demostrar com algumas palavras, em especial sobre seus gostos particulares, que era um ser humano mais próximo de mim do que a imagem distante que eu nutria dele como "o bem-sucedido empresário" e "o incansável ativista liberal", que em meio a todas as inúmeras obrigações, divididas com o cuidado da família e a companhia dos amigos, ainda encontrava tempo para os estudos, conduzido com disciplina e seriedade. Ao longo de nossas conversas, quase sempre animadas por *whisky* e charutos, descobri as grandes paixões dele pelo hipismo, em especial nas provas de saltos de obstáculos pelas quais recebeu inúmeros prêmios, e pela música popular brasileira, tendo sido ele um frequentador de rodas de samba e se tornado amigo do sambista Angenor de Oliveira (1908-1980), o lendário Cartola. Não apenas por conta do trabalho como engenheiro, mas, também, por conhecer as realidades tanto do Jockey Club quanto do Morro da Mangueira, que a defesa da ordem liberal de Donald Stewart Jr. é tão poderosa, pois está fundamentada em doutrina sólida e no conhecimento concreto de diferentes camadas sociais, em seus anseios comuns. Acredito que quase vinte e cinco anos depois do lançamento da edição anterior de *O Que é o Liberalismo*, este livro ainda é capaz de causar, em especial na nova geração, o mesmo impacto que tive ao ler a obra pela primeira vez. A título de conclusão, uso aqui as palavras de um antigo mestre, que me ensinou muitas verdades, ao dizer que com esta leitura *"você deu seu primeiro passo rumo a um mundo maior"*.

# O QUE É O LIBERA LISMO

LIBERALISMO é a suprema forma de generosidade; é o direito que a maioria concede à minoria e, portanto, é o grito mais nobre que já ecoou neste planeta. É o anúncio da determinação de compartilhar a existência com o inimigo; mais do que isso, com um inimigo que é fraco. É incrível como a espécie humana foi capaz de uma atitude tão nobre, tão paradoxal, tão refinada e tão antinatural. Não será, portanto, de estranhar que essa mesma humanidade queira logo se livrar desse compromisso. É uma disciplina por demais difícil e complexa para firmar-se definitivamente na Terra.

– José Ortega y Gasset (1883-1955)
*A Rebelião das Massas* (1929)

# AGRADECIMENTOS

Que o meu primeiro agradecimento seja a Caio Graco Prado, por me ter solicitado um texto que explicasse o que é o liberalismo. Não fosse essa "provocação", talvez este livro não tivesse sido escrito.

Aos amigos Og Francisco Leme, Jorge Gerdau Johannpeter, Jorge Simeira Jacob, Maria Helena e Otávio Salles, Roberto Demeterco, Sérgio Andrade de Carvalho e Alexandre Guasti, os meus agradecimentos por terem, com seus comentários e observações, me ajudado a rever e a complementar alguns conceitos que precisavam ser melhor enunciados.

A José Guilherme Merquior, um especial agradecimento pela gentileza de ter encontrado tempo para ler o original e por tê-lo saudado de forma tão generosa.

A Vera Castello Branco, que teve de enfrentar, por um lado, um computador nacional (sempre a reserva de mercado!) que frequentemente enguiçava, perdendo as inúmeras laudas já digitadas, e, por outro lado, o autor debutante – cuja inexperiência obrigava que o texto fosse revisto e corrigido um número de vezes muito acima do tolerável –, o meu agradecimento por tê-lo feito com invariável bom humor e delicadeza.

A Adayl, minha querida mulher, cujo exame atento e severo foi tão importante durante a elaboração deste trabalho, agradecer seria um pleonasmo; a ela dedico carinhosamente este livro.

## INTRODUÇÃO

O extraordinário progresso da humanidade a partir do final do século XVIII é um fato incontestável. Telefone, televisão, eletricidade, comodidades que há 200 anos nem os reis poderiam imaginar, hoje estão à disposição da maioria dos indivíduos que não conseguem sequer conceber como seria possível viver sem essas conveniências. Foi uma transformação muito grande, sem paralelo na história da humanidade. Não obstante desejarem usufruir desse progresso científico e tecnológico, não obstante não estarem dispostos a renunciar aos seus benefícios, não obstante lutarem por alcançar um poder aquisitivo cada vez maior para melhor usufruir desses confortos, esses mesmos indivíduos, inadvertidamente, liderados por suas respectivas elites intelectuais, adotam uma postura ideológica de condenação às causas, às teorias, aos princípios que tornaram possível esse enorme aumento da riqueza. Essa espécie de divórcio entre causa e efeito tem impedido a humanidade de alcançar um nível ainda maior de desenvolvimento e de prosperidade.

Efetivamente, está se tornando cada vez mais difícil conciliar o desejado aumento de riqueza com a obstrução à economia de mercado; compatibilizar investimentos com a obstrução à circulação de capitais; harmonizar o progresso tecnológico com o desapreço à propriedade privada dos meios de produção; elevar o padrão de vida dos trabalhadores, impedindo a competição empresarial. Em suma, torna-se uma tarefa sobre-humana tentar atingir objetivos e ao mesmo tempo condenar, renegar, desprezar os meios que nos levariam a atingi-los.

Apreciar os efeitos e condenar as causas é um comportamento dilacerante, esquizofrênico. Daí a perplexidade, o atordoamento, a revolta desordenada, a busca de falsos culpados para as nossas mazelas; daí também a crescente necessidade de esclarecer esse paradoxo, de apontar as premissas erradas que deram origem a essa contradição, de revelar os equívocos que a sustentam.

Em seu notável livro *O Acaso e a Necessidade*, Jacques Monod (1910-1976), agraciado com prêmio Nobel de Medicina em 1965, situa o fulcro dessa questão num conflito epistemológico: enquanto a ciência conseguiu alcançar um extraordinário progresso por ter se libertado de sua tradição animista, o mesmo não ocorreu com os sistemas de organização da sociedade, que continuam a encarar os problemas sociais sob um enfoque essencialmente religioso, seja ele de origem cristã ou marxista. Enquanto a ciência adota o conhecimento objetivo como única fonte de verdade autêntica,

## Introdução

*"os sistemas enraizados no animismo estão fora do conhecimento objetivo, fora da verdade, são estrangeiros e definitivamente hostis à ciência, que querem utilizar, mas não respeitar e servir"*[1].

O conhecimento objetivo que permite identificar os meios que devemos adotar para melhorar as condições de vida do gênero humano – desiderato comum a todas as ideologias – nos é proporcionado, sobretudo, pela ciência econômica. Pela correta compreensão da ciência econômica – é mister que se acrescente, já que um grande número de economistas parece acreditar que a preocupação de natureza social ou a imposição de natureza política são motivo suficiente para adotar medidas que contrariam os fundamentos da economia e que, embora possam ser agradáveis para algumas pessoas ou durante um curto prazo, produzem consequências bastante desagradáveis para a maioria das pessoas, a longo prazo.

O liberalismo é uma doutrina política que, utilizando ensinamentos da ciência econômica, procura enunciar os meios a serem adotados para que a humanidade, de uma maneira geral, possa elevar seu padrão de vida. Até o princípio do século XX, só se podia formar uma ideia sobre o ideário liberal a partir do estudo das obras dos grandes mestres do liberalismo clássico e dos diversos autores que os seguiram. A primeira tentativa – e, tanto quanto estamos informados, a única – de enunciar a

---

[1] MONOD, Jacques. *O Acaso e a Necessidade*. Rio de Janeiro: Vozes, 1971. p. 188.

doutrina liberal foi feita por Ludwig von Mises (1881-1973) em 1927. Na introdução de seu livro *Liberalismo*, afirma ele:

> O liberalismo não é uma doutrina completa nem um dogma imutável. Pelo contrário, é a aplicação dos ensinamentos da ciência à vida social do homem. Assim como a Economia, a Sociologia e a Filosofia não permaneceram imutáveis desde os dias de David Hume (1711-1776), Adam Smith (1723-1790), David Ricardo (1772-1823), Jeremy Bentham (1748-1832) e Wilhelm von Humboldt (1767-1835), assim também a doutrina do liberalismo é diferente hoje do que foi à sua época, muito embora seus princípios fundamentais tenham permanecido inalteráveis. Durante muito tempo, ninguém tomou a si a tarefa de apresentar uma exposição concisa do significado essencial dessa doutrina. Isso pode justificar nosso presente esforço em fornecer justamente este trabalho[2]. [40,]

Uma doutrina política que lida com as consequências futuras da ação do homem, não sendo dogmática, não sendo uma doutrina completa e acabada e sofrendo os naturais ajustes decorrentes da evolução científica, está sujeita a ser enunciada de várias formas; é natural, portanto, que uma investigação histórica sobre o liberalismo aponte uma diversidade de escolas e interpretações. Isso tem causado a impressão de que o liberalismo é uma ideia desarticulada e – o que é grave – permite que a inegável popularidade do conceito de liberdade, e de

---

[2] MISES, Ludwig von. *Liberalismo*. Rio de Janeiro: José Olympio; Instituto Liberal, 1987. p. 5.

seus derivados liberal, libertação, seja usada como um biombo para esconder ideias retrógradas e já superadas, como o mercantilismo e o Estado provedor, que já não deviam ter adeptos desde que foram completa e inequivocamente desmistificados pelas ideias liberais. Mas as diversas formas com que têm sido enunciadas as ideias liberais são apenas variações de um pequeno conjunto de princípios que estão presentes em todos os autores verdadeiramente liberais. Em 1986, o filósofo britânico John Gray assim se manifestou sobre essa "unidade" do liberalismo:

> Há uma concepção específica, de caráter nitidamente moderno, que é comum a todas as variantes da tradição liberal. Quais são os elementos que compõem essa concepção? Ela é individualista, porque sustenta a proeminência moral do indivíduo em relação aos desejos de qualquer coletividade social; igualitária, na medida em que confere a todos os homens o mesmo status moral, não admitindo que existam diferenças de natureza política ou legal entre os seres humanos; universalista, por afirmar a homogeneidade moral do gênero humano e atribuir uma importância secundária a certos aspectos históricos e culturais; e meliorista, por considerar a possibilidade de correção e aperfeiçoamento das instituições sociais e políticas. É essa concepção do homem e da sociedade que dá ao liberalismo uma identidade que transcende a sua enorme diversidade e complexidade[3].

---

[3] GRAY, John. *Liberalism*. Minneapolis: University of Minnesota Press, 1986. p. IX.

Se as vantagens de natureza prática e os fundamentos de natureza teórica justificam que se proponha a adoção da doutrina liberal na organização da sociedade, essa proposta se torna irrecusável se considerarmos sua enorme preocupação de natureza ética. A ética sempre ocupou um lugar central no liberalismo, desde os seus primórdios.

Adam Smith era professor de Filosofia Moral e de Ética na Universidade de Glasgow, no Reino Unido. Se o seu famoso livro *A Riqueza das Nações*, de 1776, não lhe tivesse granjeado justa e merecida fama, de igual prestígio e reverência seria merecedor por ter escrito, quase 20 anos antes, o belo livro *The Theory of Moral Sentiments* [*A Teoria dos Sentimentos Morais*], de 1759. Enquanto naquele Smith *"lida com as motivações mais fortes do gênero humano, neste trata de suas motivações mais elevadas"*[4]. Sua visão "econômica" é fortemente condicionada por suas preocupações de natureza ética e moral.

A superioridade de natureza ética se evidencia pelo fato de que, numa sociedade liberal sujeita a uma economia de mercado, só pode ser bem-sucedido aquele que servir ao próximo, ao consumidor. O caminho do sucesso depende necessariamente de se produzir algo que, a juízo do consumidor, seja considerado melhor e mais barato. Na economia de mercado, não são os empresários, nem os agricultores, nem os capitalistas

---

[4] SMITH, Adam. *The Theory of Moral Sentiments*. Indianápolis: Liberty Classics, 1976. p. 1.

que determinam o que deve ser produzido. São os consumidores. Mises ilustra bem a soberania do consumidor ao mostrar que, na economia de mercado, cabe *"aos empresários a direção de todos os assuntos econômicos. Estão no leme e pilotam o navio. Um observador superficial pensaria que eles são os soberanos. Mas não são. São obrigados a obedecer incondicionalmente às ordens do capitão. O capitão é o consumidor"*. O empresário-piloto é obrigado a conduzir o navio ao destino que o consumidor-capitão lhe determinou. Se não obedecer às ordens do capitão, se não obedecer *"às ordens do público tal como lhe são transmitidas pela estrutura de preços, sofre perdas, vai à falência e é, assim, removido de sua posição eminente no leme do navio. Um outro que melhor satisfizer os desejos dos consumidores o substituirá"*[5].

Não se deve confundir liberalismo com conservadorismo. Na realidade, liberais e conservadores só têm em comum sua oposição ao socialismo. Como prevalece de uma maneira geral a ilusão de que o espectro político seja linear, os liberais ora são colocados à direita dos conservadores ora mais ao centro. Nada mais equivocado. Na realidade, se quisermos usar uma figura geométrica para ilustrar o espectro político, melhor

---

[5] MISES, Ludwig von. *O Mercado*. Rio de Janeiro: José Olympio; Instituto Liberal, 1987. p. 40. [O trabalho em questão é o capítulo 15 do seguinte livro: MISES, Ludwig von. *Ação Humana: Um Tradado de Economia*. São Paulo: Instituto Mises Brasil, 3ª ed., 2010. p. 315-88. (N. E.)]

seria usar o triângulo, onde teríamos, nos seus vértices, socialistas, conservadores e liberais. O excelente posfácio de Friedrich August von Hayek (1899-1973) em seu livro *Os Fundamentos da Liberdade* – "Por que não sou um conservador" – é uma convincente explicação de mais esse equívoco[6].

A crescente evidência do fracasso do socialismo como forma de organização social e a consequente diminuição de sua ameaça começam a tornar as coisas mais claras; começam a tornar possível separar o joio do trigo. Enquanto conservadores e socialistas se unem para apoiar a intervenção do Estado em favor do protecionismo, da reserva de mercado, do subsídio, os liberais pregam a abolição desses privilégios; enquanto inúmeros empresários solicitam que o Estado "proteja" a empresa privada, os liberais defendem o livre mercado e a soberania do consumidor.

No Brasil, a ideologia dominante, o intervencionismo, que tem impedido nosso país de ser uma nação livre e desenvolvida, é sustentada – ainda que por razões e com intensidades diferentes – pelos socialistas que idolatram o Estado; pelos empresários poderosos que não querem correr o risco do mercado; pelos conservadores que se opõem a mudanças; pelos militares que combatem o comunismo, mas estatizam a economia; pelos sociais-democratas que são liberais em política e socialistas em economia; pelos políticos populistas que

---

[6] HAYEK, F. A. *Os Fundamentos da Liberdade*. São Paulo: Visão, 1983. p. 466.

usam o Estado para dar consequência a sua demagogia; pelos intelectuais que veem no Estado a única chance de se projetarem; pelos burocratas das estatais, que não querem perder suas vantagens e suas mordomias; pelos religiosos e por todos aqueles, enfim, que, sensíveis às necessidades dos mais carentes, defendem de alguma forma o Estado Provedor, sem perceber que esse não é o meio adequado para minorar o infortúnio dos mais pobres.

O liberalismo se insurge contra essa ideologia dominante, contra os que a sustentam. Liberalismo é liberdade política e liberdade econômica; é ausência de privilégios; é igualdade perante a lei; é responsabilidade individual; é cooperação entre estranhos; é competição empresarial; é mudança permanente; é a revolução pacífica que poderá transformar o Brasil no país rico e próspero que inegavelmente pode vir a ser.

O propósito deste pequeno livro é tentar esclarecer e informar, de maneira simples e condensada, o que é o liberalismo segundo a corrente de pensamento habitualmente denominada de Escola Austríaca, que, a nosso ver, é a que explicita a doutrina liberal de forma mais completa e mais consistente. Para melhor compreensão do que seja o liberalismo, pareceu-nos necessário descrever, ainda que sumariamente no capítulo I, a trajetória do pensamento liberal desde o seu surgimento no século XVIII, seu apogeu no século XIX, seu quase total esquecimento e abandono na primeira metade do século XX e, finalmente, o seu "renascimento" no final do século XX. Pareceu-nos ainda necessário analisar, também de forma sumária, no capítulo II, os principais aspectos de sua base conceitual. Após enunciar os principais postulados da doutrina liberal no capítulo III, para que se percebam as consequências de natureza prática em virtude dos equívocos que vêm sendo cometidos, acrescentamos uma análise da situação brasileira no capítulo IV, para finalmente ilustrá-la com o exame de alguns casos concretos mais relevantes no Apêndice. Procuramos, dessa forma, antecipar as respostas às perguntas que nos são mais frequentemente feitas por jovens, por pessoas engajadas nas ideologias socialistas e intervencionistas e mesmo por aqueles que são liberais porque a vida, o bom senso, assim os ensinou, embora não tenham chegado a se interessar em conhecer suas bases teóricas.

**CAPÍTULO I**

# O "RENASCIMENTO" DO PENSAMENTO LIBERAL

## I.1 – O apogeu do liberalismo

O liberalismo surgiu, gradativamente, como uma forma de oposição às monarquias absolutas e ao seu correspondente regime econômico, o mercantilismo.

O regime mercantilista pressupõe a existência de um Estado, seja ele representado por uma monarquia ou por um governo republicano, com poderes para intervir na economia a fim de promover o desenvolvimento e redistribuir a renda. Com esse objetivo, favores e privilégios são concedidos às elites e aos grupos de pressão (os "mercadores", no século XVIII), na presunção de que assim se estaria protegendo o cidadão de algo desagradável ou proporcionando-lhe algo desejável. Devemos ter em mente que até o século XVIII a produção, quer fosse de velas ou de tecidos, de lã ou de seda, enfim, a produção mercantil organizada dependia de uma concessão do monarca, dos "favores do rei", que desta forma determinava quem iria produzir o quê e qual a região a ser abastecida por aquele produtor.

Não raro o monarca reservava para si o privilégio de participar de algumas dessas atividades, seja porque fossem extremamente lucrativas, seja porque produziriam bens de grande luxo só acessíveis à alta nobreza.

É ilustrativo relembrar que quando Luís XIV (1638-1715), preocupado com a má performance econômica de seu reinado, perguntou ao seu ministro da Fazenda que medidas deveriam adotar para conter a crescente insatisfação popular, ouviu como resposta: *laisser faire, laissez passer*! Essa expressão, que em nossos dias tem sido tão injusta e inadequadamente vituperada, não foi proferida com a conotação anárquica e desumana que lhe atribuem; significa apenas: não impeça os outros de produzir, não impeça a circulação de mercadorias. Em suma: não conceda privilégios.

Pode-se dizer com inteira propriedade que naquela época o mercado interno era um patrimônio nacional – ou seja, um patrocínio do rei, que dele dispunha ao seu alvitre, concedendo privilégios aos seus "amigos". Não é por mera coincidência que essa expressão foi colocada na nossa Constituição de 1988: é porque aqui e agora, como lá e então, vigorava o mesmo regime econômico, o mercantilismo.

O mercantilismo se baseia no conceito de que, quando alguém ganha, alguém perde. Está implícita nessa noção a ideia de que a riqueza é uma grandeza definida, de que a maior riqueza de uma nação só poderia existir como fruto da pobreza de outras nações. A quintessência dessa doutrina é a crença de que existe um conflito irreconciliável entre os interesses das várias classes de um país e, mais ainda, entre os interesses de qualquer país e os de todos os outros países.

A economia era, portanto, considerada como um jogo de soma zero. A evolução do conhecimento econômico viria a demonstrar à sociedade que a economia de mercado é um jogo de soma positiva. Numa troca livremente pactuada, ambas as partes saem ganhando porque ambas preferem o *stato quo post* ao *stato quo ante*, ou não teriam efetuado a troca.

Na época das monarquias absolutas, a ciência econômica ainda não existia como uma disciplina autônoma, separada dos demais ramos do conhecimento humano; a ideia liberal que surgia – e se insurgia contra o poder absoluto dos monarcas – era de natureza essencialmente política; as vantagens da liberdade econômica foram usufruídas antes de serem explicadas.

Na esteira da liberdade política, na Inglaterra, começaram a surgir movimentos em favor de medidas específicas de natureza econômica, como, por exemplo, a abolição das *Corn Laws* (leis que garantiam a reserva de mercado de cereais aos produtores ingleses). Entretanto, não chegou a haver uma explicitação do que seria uma doutrina liberal de economia, tampouco se compreendia, naquele tempo, como funcionava o mercado. O próprio Adam Smith, considerado o fundador da ciência econômica, não chegou a explicar o funcionamento do mercado. Limitou-se a relatar, com uma acuidade extraordinária, como as coisas se passavam; descreveu o que existia e que já era familiar aos seus contemporâneos. De uma maneira geral, suas observações são simples e incontestáveis; são registros da realidade e continuam tão verdadeiras hoje como ontem.

No final do século XVIII, a ideia dominante entre as elites intelectuais era o liberalismo. Ser um intelectual era sinônimo de ser liberal. A partir de então, o sopro da liberdade política e econômica mudou a humanidade. Começam a cair as monarquias absolutas; advém a separação entre a Igreja e o Estado; surge nos Estados Unidos (EUA) o primeiro regime constitucional.

Embora mais tarde o liberalismo viesse a ser considerado uma "exploração dos mais pobres", as grandes beneficiárias de seu advento foram as massas. Seu principal galardão é ter possibilitado um crescimento populacional sem precedentes na história da humanidade, acompanhado de um aumento na expectativa de vida e no conforto material. O inegável progresso econômico diminuiu a mortalidade infantil, criou empregos, aumentou a produtividade, possibilitou a sobrevivência de um grande número de pessoas que estavam fadadas a morrer por inanição, miséria e doença. A humanidade ganhou anos de vida, com mais conforto.

Até mesmo Karl Marx (1818-1883), no *Manifesto do Partido Comunista*, reconhece que, em 100 anos, o predomínio do capitalismo criou *"forças produtivas mais maciças e colossais do que todas as gerações precedentes em conjunto"*.

Há os que pensam, curiosamente, que esse desenvolvimento seria inevitável, natural, e que os empresários e os capitalistas apenas se "aproveitaram" dele, ficando com a melhor parte. Não pode haver equívoco maior.

Em economia, frequentemente apreciamos os efeitos e condenamos as causas; apreciamos o aumento de riquezas, mas condenamos a propriedade privada, o lucro, o livre comércio, a liberdade de produzir, que são os fatores geradores da riqueza. E, sem percebê-lo, ao anular as causas, impedimos os efeitos. A fábula da galinha dos ovos de ouro continua válida, mais do que nunca!

## I.2 – O declínio do liberalismo

O próprio sucesso do liberalismo, do chamado capitalismo, o fato de ter gerado uma riqueza sem precedentes, sem que a sua base teórica tivesse sido enunciada, viria a minar as instituições sociais que o tornavam possível. Não se sabendo por que tanta riqueza era gerada, aquilo que 100 anos antes ninguém possuía passou a ser considerado um "direito" de todos.

Esse equívoco foi grandemente fortalecido pelo sucesso da teoria marxista, não só em função do que Karl Marx escreveu, mas, sobretudo, em função do que seus seguidores e discípulos espalharam pelo mundo. Marx acreditava que o comunismo seria, inexoravelmente – por determinismo histórico –, a etapa seguinte ao capitalismo (que, segundo ele mesmo, havia criado "forças produtivas mais maciças e colossais do que todas as gerações precedentes em conjunto"). Era, portanto, indispensável a prévia criação de riqueza para que ela fosse socializada; não lhe passava pela cabeça comunizar uma sociedade pobre. Se quisermos comparar o tom profético de Marx com as observações de Adam

Smith, teremos de reconhecer o fato de que um lida com ilusões, enquanto o outro lida com a realidade.

Mas é compreensível que as ideias marxistas e socialistas tenham despertado a devoção das massas. Como observa Eugen von Böhm-Bawerk (1851-1914), as massas *"não buscam a reflexão crítica; simplesmente seguem suas próprias emoções. Acreditam na teoria da exploração porque ela lhes convém, lhes agrada, não importando que seja falsa. Acreditariam nela mesmo que sua fundamentação fosse ainda pior do que é"*[7].

Esse comportamento, nas massas, é compreensível; o mesmo, entretanto, não se pode dizer no caso das elites intelectuais e políticas. Na verdade, essas elites têm preferido defender medidas de cunho intervencionista que, embora momentaneamente agradáveis, provocam necessariamente efeitos perversos. Por outro lado, rejeitam as propostas de liberalização da economia que, embora momentaneamente desagradáveis, produziriam efeitos amplamente benéficos num futuro próximo. A reiteração desse tipo de escolha tem impedido que muitos países, sobretudo os menos desenvolvidos, alcancem um maior e tão desejado nível de riqueza e de desenvolvimento.

Não obstante, convém lembrar que até 1914, no mundo ocidental, não havia controle nem imposto sobre a renda; não havia restrição aos movimentos de pessoas e de capitais; não havia Banco Central e as moedas tinham

---

[7] BÖHM-BAWERK, Eugen von. *A Teoria da Exploração do Socialismo-Comunismo*. Rio de Janeiro: José Olympio; Instituto Liberal, 1987. p. 123.

seu valor equivalente em ouro – não havia inflação; o recrutamento nacional era mínimo e raro, jamais uma medida de sustentação de guerra. Tudo isso se modificaria.

## I.3 – O abandono do liberalismo

O fim da Primeira Guerra Mundial marca o advento da implantação de regimes totalitários de consequências desastrosas para a humanidade. Na União Soviética (URSS) surgiu o primeiro regime comunista, cuja feição verdadeiramente genocida só veio a ser revelada recentemente por autores como Aleksandr Solzhenitsyn (1918-2008) e cuja ineficiência e incapacidade de proporcionar o bem-estar para as massas chegam a ser reconhecidas pelo próprio Mikhail Gorbachev. Na Itália, com a implantação do regime fascista, cria-se o *stato corporativo*, um regime híbrido que mantém a propriedade privada apenas na aparência, submetendo-a, entretanto, inteiramente, às determinações e às ordens do poder central. Na Alemanha, o regime nazista (nacional-socialista), com características idênticas ao fascismo italiano, deflagra a Segunda Guerra Mundial e promove o maior genocídio da história da humanidade. O notável livro *Modern Times* [*Tempos Modernos*], do historiador Paul Johnson, descreve esse período com uma riqueza de detalhes e de informações inexcedível, especialmente no que diz respeito aos crimes monstruosos cometidos por Adolf Hitler (1889-1945) e Josef Stalin (1878-1953)[8].

---

[8] JOHNSON, Paul. *Tempos Modernos*: O Mundo dos Anos 20 aos 80. Rio de Janeiro: Instituto Liberal, 1990. p. 285-310.

As ideias corporativistas tiveram grande aceitação: receberam o apoio da encíclica papal *Quadragesimo Anno*, de 1931, influenciaram decisivamente a doutrina do partido nazista alemão e de inúmeros outros movimentos fascistas em diversos países. No Brasil, foi notória sua influência na década de 1930, durante a ditadura de Getúlio Vargas (1882-1954). É curioso notar que hoje em dia nenhum partido se denomina de nacional-socialista (nazista), embora muitos deles defendam ardorosamente as ideias nacionalistas e socialistas. Preferem usar denominações como "democrático", "liberal", "social", "progressista".

Essa confusão semântica está hoje largamente disseminada. No leste europeu, os regimes de partido único se autointitulam "democráticos"; a Índia, que sempre viveu sob o mais odioso regime de castas, e os árabes, que só conheceram os regimes mais violentos e autocráticos, falam de sua "tradição" democrática; nos EUA, "liberal" designa os que defendem o Estado provedor (*welfare state*), a tal ponto que os verdadeiros liberais tiveram de se refugiar sob a denominação de "libertários"; no Brasil, líderes políticos que defendem as ideias mercantilistas do século XVIII se autointitulam "progressistas".

As consequências dessa confusão semântica são muito mais graves do que possam parecer à primeira vista. A popularidade das noções de liberdade, democracia e progresso é usada para defender ideias e conceitos que sem dúvida contrariam frontalmente o inequívoco sentido desses termos.

É também no período entre guerras que tem início a expansão e a disseminação mundial das ideias comunistas, fortemente apoiadas pela União Soviética. Curiosamente, essa expansão só encontraria receptividade nos países mais pobres e mais atrasados, e não nos países desenvolvidos que, pelo menos à luz da teoria marxista, são os que estariam em condições de ingressar na era socialista que se seguiria ao período capitalista.

Para completar esse quadro de abandono da ideia liberal, começam a fazer sucesso, no mundo ocidental, as ideias de John Maynard Keynes (1883-1946), que defendia – com uma aura de saber científico – a intervenção do Estado na economia, a fim de corrigir os maus resultados e as desagradáveis consequências do ciclo econômico, atribuídas, por essas teorias, ao funcionamento da economia de mercado. *"Enfatizo fortemente a necessidade de aumentar o poder de compra nacional através do aumento dos gastos do governo, financiados por empréstimos"*[9] – disse ele em 1933. Após a Segunda Guerra Mundial, essa "ênfase" viria a se tornar a estrela-guia da política econômica de muitos países. Hoje, temos de suportar as consequências maléficas da disseminação dessas ideias: basta lembrar que em 1966, pela primeira vez, a inflação norte-americana ultrapassava a taxa anual de 3% e a taxa de juros atingia o então surpreendente nível de 6% [27, p. 556]. Pela primeira vez os políticos podiam alegar uma base teórica – poder-se-ia dizer até mesmo

---

[9] Idem. *Ibidem.*, p. 555.

científica – para as supostas benesses da intervenção do Estado. A demagogia, que até então não tinha como cumprir suas promessas, sendo por isso mesmo razoavelmente limitada, ganhou uma nova dimensão, pois passou a ser feita às custas do erário público e da inflação.

Também merece menção o fato de Keynes ter sido um dos maiores responsáveis, na conferência de Bretton Woods, em 1944, pela criação do Banco Mundial e do Fundo Monetário Internacional (FMI). O papel desempenhado por essas instituições – especialmente pelo Banco Mundial – no processo de estatização da economia brasileira, em particular, e latino-americana, em geral, ainda não foi devidamente reconhecido. Com efeito, o enorme volume de financiamentos concedidos pelo Banco Mundial às empresas estatais contribuiu decisivamente para a expansão dessas empresas e, consequentemente, para o agravamento dos resultados negativos decorrentes do fato de setores importantes e básicos da economia nacional serem inteiramente controlados e dependentes da ação governamental.

O sucesso do socialismo e do intervencionismo ofuscou inteiramente o liberalismo. No período entre as duas guerras, as ideias liberais estavam inteiramente esquecidas. Quase nada era publicado sobre o assunto e do pouco que se escrevia o mundo não tomava conhecimento. As ideias socialistas-intervencionistas, por outro lado, floresciam. Livros eram editados; todos os artistas e intelectuais manifestavam-se em favor do socialismo e do intervencionismo.

## I.4 – A social-democracia

Com a derrota da Alemanha na guerra, desaparecem os regimes de cunho nazifascista; em contrapartida, o regime comunista consolida-se na URSS e no leste europeu e expande-se pela África e Ásia. Entretanto, a ideia socialista-comunista começa, gradativamente, a perder seu encanto graças à evidente falta de liberdade e de resultados concretos. O economista e historiador norte-americano Irving Kristol (1920-2009) observou, com razão, que o fato político mais importante do século XX é o fracasso do socialismo como forma de organização social.

Mas, curiosamente, a condenação aos regimes comunistas ou socialistas concentra-se no fato de neles não existir liberdade política; se fosse possível, presume-se, "democratizar" o socialismo, poderíamos enfim reunir as vantagens da democracia, desejada por todos, com as benesses do socialismo, imaginadas por muitos. Surge, assim, a social-democracia, ou seja, o corpo de ideias que combina a liberdade no plano político com o intervencionismo estatal no plano econômico.

No Terceiro Mundo, sobretudo na América Latina, a social-democracia é adotada por quase todos os partidos políticos. Sendo liberal, democrata, em política, e socialista, intervencionista, em economia, promete mais do que pode dar (comportamento típico do populismo). De frustração em frustração, vacilante e inoperante diante da realidade que não consegue entender, procura enfrentar os problemas apenas pela via retórica e acaba gerando o desejo de intervenção, a fim de "pôr a casa em ordem" (regimes militares). Essa alternância de militares e populistas, ambos intervencionistas, tem sido a saga da América Latina e a grande causa de sua má performance econômica.

## I.5 – A lógica do intervencionismo

É importante que nos detenhamos um pouco sobre o intervencionismo e sobre o que deve ser entendido como intervenção. Intervenção é uma norma ou uma medida de caráter restritivo, imposta pelo governo, que obriga as pessoas a empregarem seus recursos de forma diferente da que fariam se não houvesse a intervenção.

Imaginam os intervencionistas que, se as pessoas forem deixadas livres para usarem os seus recursos, não o farão da melhor maneira. A intervenção, pois, se faz necessária para obrigar os indivíduos a agirem de forma diferente da que agiriam se fossem deixados livres. Presume-se que, assim procedendo, as pessoas em geral serão beneficiadas.

Essa é a lógica da intervenção.

A intervenção é, portanto, um ato autoritário; implica reconhecer que as pessoas não devem ser livres para escolher, que precisam da tutela de um chefe, do Estado, que sabe o que é melhor para o cidadão. O intervencionismo obriga que haja a submissão do consumidor ao Estado. Esse é o seu equívoco básico. O liberalismo, ao contrário, defende a soberania do consumidor.

Os resultados da intervenção nunca são os desejados, nem mesmo os desejados pelo próprio interventor. A intervenção beneficia apenas algumas pessoas ou alguns grupos, ou mesmo um grande número de pessoas a curto prazo, mas invariavelmente produz consequências desagradáveis para a grande maioria das pessoas a longo prazo.

Os benefícios, por estarem concentrados em algumas pessoas ou em alguns grupos, ou por estarem concentrados no curto prazo, são bem percebidos, são anunciados e exaltados. Os malefícios, por estarem difusos entre o grande número e a longo prazo, não chegam a ser bem percebidos.

O fato de os benefícios serem bem percebidos e os malefícios não o serem gera entre interventores e os que defendem a intervenção – ao constatarem que os resultados desejados não foram atingidos – uma certa perplexidade, uma busca de falsos culpados para as mazelas que foram provocadas pela própria intervenção.

A culpa da nossa pobreza passa a ser atribuída ao FMI – e rompe-se com o Fundo; à dívida externa – e decreta-se a moratória; à ganância dos empresários – e congelam-se os preços; às multinacionais – e alguns países chegam a expulsá-las de seu território; à falta de leis que estabeleçam maiores direitos para os trabalhadores – e novas leis estabelecendo o que se convencionou chamar de "conquistas sociais" são promulgadas.

Mas, apesar de tudo isso, as mazelas persistem. Para combatê-las, novas intervenções são propostas; as intervenções anteriores são consideradas tímidas. É preciso intervir mais. E o processo continua.

Todos deviam ter em mente a lição de Henry Hazlitt (1894-1993) no seu excelente livro *Economia numa Única Lição*: *"A arte da economia está em considerar não só os efeitos imediatos de qualquer ato ou política, mas, também, os mais remotos; está em descobrir as consequências dessa política, não só para um único grupo, mas para todos eles"*[10].

## I.6 – A explicitação da ideia liberal

No período entre as guerras, quando as ideias liberais haviam sido completamente abandonadas, Ludwig von Mises, austríaco, discípulo do grande economista Carl Menger (1840-1921), publica sua *"teoria da moeda e dos meios fiduciários"*[11], com contribuições originais à ciência econômica sobre as razões da ocorrência de fenômenos como o ciclo econômico e a inflação; publica também seu tratado acerca do socialismo[12], uma contundente crítica ao regime como forma de organização econômica da sociedade. Neste trabalho, von Mises demonstra, de maneira ineludível, a impossibilidade do cálculo econômico numa sociedade socialista levada às últimas consequências. O socialismo é uma contradição: os objetivos almejados não podem ser alcançados com os meios propostos.

---

[10] HAZLITT, Henry. *Economia numa Única Lição*. Rio de Janeiro: José Olympio Editora; Instituto Liberal, 1986. p. 5.

[11] MISES, Ludwig von. *The Theory of Money and Credit*. Indianapolis: Liberty Classics, 1980.

[12] Idem. *Socialism: An Economic and Sociological Analysis*. Indianapolis: Liberty Classics, 1981.

As dificuldades para o funcionamento da sociedade socialista, antevistas por Mises há mais de 50 anos, só agora começam a ser reconhecidas. A inexistência de um mercado como mecanismo de formação de preços e de transmissão de informações, impossibilitando, portanto, a efetivação do cálculo econômico com base em preços reais, é o que leva Gorbachev a afirmar, em seu livro *Perestroika*:

> A essência do que planejamos fazer em todo o país é a substituição dos métodos predominantemente administrativos por métodos predominantemente econômicos. O fato de devermos ter uma computação exaustiva de custos é bastante claro para as lideranças soviéticas". E, mais adiante, na mesma página: "Levará dois ou três anos para se preparar uma reforma da formação de preço e do mecanismo de financiamento e crédito, e cinco a seis anos para se passar ao comércio atacadista nos meios de produção[13].

A tentativa de alcançar a quadratura do círculo com que se debate o líder soviético fica evidente quando afirma, após 70 anos de vigência do regime soviético: *"A prática de, para todas as questões, esperar instruções de cima, confiando nas decisões tomadas em nível superior, ainda não foi abolida... A questão é que as pessoas se desacostumaram a pensar e a agir de modo responsável e independente"*. E mais adiante: *"A ideia de*

---

[13] GORBACHEV, Mikhail. *Perestroika: Novas Ideias para o Meu País e o Mundo*. São Paulo: Nova Cultural, 1987. p. 98-99.

*Lenin, de encontrar as formas mais eficazes e modernas de se combinar a propriedade coletiva com o interesse pessoal, é a base de todas as nossas buscas, de todo o nosso conceito de transformação radical da administração econômica"*. E mais adiante ainda: *"Acreditamos que o problema fundamental ainda continue sendo a combinação dos interesses pessoais com o socialismo"*[14]. Infelizmente Gorbachev propõe que a superação dessas contradições seja alcançada pelo fortalecimento do regime socialista, ou seja, propõe a superação dos efeitos com o agravamento das causas.

Para não merecer a mesma crítica que é feita a Marx – a de ter escrito uma extensa condenação do capitalismo sem nunca ter enunciado o que seria um regime socialista – Mises publica, em 1927, *Liberalismus*. Nesse livro, o autor explicita, pela primeira vez, o que seja a doutrina liberal. Expõe criteriosamente os fundamentos do liberalismo; analisa os conceitos de liberdade, propriedade, paz, igualdade, Estado, governo, democracia, riqueza, tolerância, partidos políticos. Descreve como deveria ser a organização da economia; examina os problemas de política internacional: o direito de autodeterminação, o nacionalismo, o imperialismo, o colonialismo, o comércio internacional.

Suas obras, escritas em alemão entre as duas guerras, não chegaram a ter entre os povos de língua inglesa a repercussão a que faziam jus. Na Alemanha de Hitler, *Liberalismus* foi proibido e teve seus exemplares

---

[14] Idem. *Ibidem.*, p. 71, 93 e 108.

destruídos (na Alemanha Oriental, após a Segunda Guerra, continuou proibido). Esse fato fez com que Mises, após ter emigrado para os Estados Unidos, escrevesse em inglês sua obra máxima: *Human Action: A Treatise on Economics* [*Ação Humana: Um Tratado de Economia*]¹⁵, publicada em 1949. Em *Human Action*, Mises remete a ciência econômica à sua verdadeira essência e razão de ser: a ação humana, entendida como um comportamento propositado que visa passar de um estado de maior desconforto para outro de menor desconforto. Sem essa motivação, não há ação. É a partir de postulados simples e evidentes como esse que Mises constrói toda sua teoria econômica.

Em 1944, Friedrich August von Hayek, também austríaco e discípulo de von Mises, publica *O Caminho da Servidão*¹⁶, como que anunciando o equívoco que a Inglaterra iria cometer, depois de ganhar a guerra, se adotasse, como de fato o fez, a política intervencionista então em grande voga. Desde então, entre muitos outros trabalhos, F. A. Hayek publicou *Os Fundamentos da*

---

¹⁵ MISES, Ludwig von. *Human Action: A Treatise on Economics*. Chicago: Contemporary Books, 3th ed., 1966. [Em língua portuguesa a obra foi lançada em tradução do próprio Donald Stewart Jr., no ano de 1990, pelo Instituto Liberal (IL), e atualmente se encontra disponível na seguinte edição: MISES, Ludwig von. *Ação Humana: Um Tradado de Economia*. São Paulo: Instituto Mises Brasil, 3ª ed., 2010. p. 315-88. (N. E.)]

¹⁶ HAYEK, F. A. *O Caminho da Servidão*. Rio de Janeiro: Instituto Liberal, 1984.

*Liberdade*[17], em 1960, e sua famosa trilogia *Direito, Legislação e Liberdade*[18], respectivamente, nos anos de 1973, 1976 e 1979.

Em sua obra, Hayek esclarece decisivamente o funcionamento do mercado ao mostrar que a maior parte do conhecimento humano é conhecimento disperso, distribuído entre os bilhões de habitantes do planeta. A tarefa do mercado e do sistema de preços é simplesmente a de transmitir e processar essas informações. O mal da intervenção no mercado reside precisamente em diminuir a transmissão de informações; em fazer com que sejam tomadas decisões baseadas apenas num conjunto restrito de informações, quais sejam, as de que dispõe o interventor ou o planejador central. Propõe também a demarquia (*demos-archos*, governo do povo) como forma de organização social e, no final da década de 1970, de forma notável, em seu livro *Desestatização do Dinheiro*[19], propõe a eliminação da moeda de curso legal.

Essa sequência de mestres e alunos austríacos – Menger, Böhm-Bawerk, Mises e Hayek – justifica a denominação de Escola Austríaca dada a essa corrente do pensamento econômico que, a nosso ver, melhor define as bases teóricas do liberalismo.

---

[17] Idem. *Os Fundamentos da Liberdade. Op. cit.*

[18] Idem. *Direito, Legislação e Liberdade.* São Paulo: Visão, 1985. 3 v.

[19] Idem. *Desestatização do Dinheiro.* Rio de Janeiro: Instituto Liberal, 1986.

A grande contribuição da Escola Austríaca consiste em ter tornado explícito, pela primeira vez, de forma ordenada e consistente, o que é o liberalismo; em ter enunciado os fundamentos teóricos daquilo que, até então, só era percebido pelas suas inegáveis vantagens de natureza prática.

Se quisermos alcançar resultados práticos, precisamos conhecer qual a teoria que os explica; saber por que e como ocorrem. Ou então os resultados práticos não serão previsíveis; serão meramente acidentais e, portanto, não se repetirão. Embora existam teorias que não têm efeitos práticos, não existem resultados práticos, consistentes e duradouros sem que haja, por trás, uma teoria que os explique, que esclareça suas relações de causa e efeito.

## I.7 – O "renascimento" do pensamento liberal

Se na primeira metade do século passado as ideias liberais estiveram praticamente esquecidas e abandonadas, a segunda metade assistiu ao que foi denominado de *renascimento do pensamento liberal*.

A expressão *renascimento* não nos parece adequada, pois indica fazer existir de novo o que existia antes. A rigor, a nosso ver, a expressão *nascimento* se aplica melhor no caso. O fato de o liberalismo só ter sido enunciado e explicitado recentemente nos permite considerar o período anterior como um período de "gestação", quando ainda não havia plena consciência do que fosse o ideário liberal. Na realidade, o liberalismo é uma ideia moderna e muito pouco conhecida. A maior parte dos nossos contemporâneos não sabe o que é o liberalismo porque não o viveu na prática e não o conhece na teoria porque só agora as obras a seu respeito começam a ser divulgadas e traduzidas para os diversos idiomas.

No pós-guerra, o *renascimento* do pensamento liberal se faz presente nos países que Paul Johnson denominou de os "Lázaros da Europa", referindo-se às nações que "ressuscitaram" depois da Segunda Guerra Mundial. Na Alemanha, Konrad Adenauer (1876-1967), tendo Ludwig Erhard (1897-1977) como ministro da economia; na Itália, Alcide De Gasperi (1881-1954), tendo Luigi Einaudi (1874-1961) como seu mentor econômico; e na França, após o retumbante fracasso da Quarta República, Charles de Gaulle (1890-1970), tendo como chefe de sua assessoria econômica Jacques Rueff (1896-1978), conseguem realizar o milagre de, em prazo relativamente curto, soerguer economicamente seus países. É importante notar que Erhard, Einaudi e Rueff fazem parte do pequeno grupo de economistas liberais que, juntamente com F. A. Hayek, Ludwig von Mises e Milton Friedman (1912-2006), fundaram, em 1947, a Sociedade Mont Pèlerin, que congrega até hoje adeptos do liberalismo em todo o mundo.

No Japão, um partido de cunho liberal permanece no poder desde a sua fundação em 1955, não podendo deixar de ser apontado como responsável pelo grande sucesso econômico do país. Merece registro o fato de que a constituição vigente no Japão, de corte marcada-

## O "renascimento" do pensamento liberal

mente liberal, foi promulgada após a guerra pelo general Douglas MacArthur (1880-1964), comandante em chefe das forças de ocupação. Na Inglaterra, por outro lado, o predomínio da social-democracia, representada pelo Partido Trabalhista, conduz a uma grande estatização da economia e ao seu empobrecimento relativo. A nação inglesa, que havia vencido a guerra e aspirava a uma posição de grande potência juntamente com os EUA e a Rússia, acaba, em relativamente pouco tempo, superada pela Alemanha, pela França e pelo Japão, tendo sua posição ameaçada pela Itália. O governo Margaret Thatcher (1925-2013) procurou reverter essa tendência, adotando medidas arrojadas de privatização da economia. Nesse seu intento, foi fortemente influenciado pelo Institute of Economic Affairs (IEA). Em 1987, no jantar de comemoração dos 30 anos de fundação do IEA, Margaret Thatcher reconhecia que o seu governo não teria sido possível sem a base ideológica do IEA, cujo então presidente, Ralph Harris (1924-2006), foi presidente da Sociedade Mont Pèlerin no período de 1983 a 1984.

Também merece ser mencionado o período em que no governo de Arturo Frondizi (1908-1995), na Argentina, o ministro Álvaro Alsogaray (1913-2005), também membro da Mont Pèlerin, conseguiu em 22 meses reverter uma situação calamitosa legada pelo primeiro governo de Juan Domingo Perón (1895-1974). Acabou com a inflação (os índices de preços permaneceram constantes nos últimos três meses de sua gestão), ao mesmo tempo em que liberou a economia concedendo ampla liberdade para que o mercado estabelecesse os preços, os salários, a taxa de câmbio, as exportações e as importações. No mesmo período, as reservas argentinas, que haviam sido dilapidadas, atingiram em valores de 1995 o equivalente a quase US$ 5 bilhões. Nesse período, registrou-se a maior taxa de investimento em muitas décadas e, no ano de 1960, o peso argentino foi qualificado pelo Comitê Lombard de Londres como "a moeda estrela do ano". Por razões políticas, o presidente Frondizi interrompeu essa breve experiência liberal, e a Argentina, assim, retornou à social-democracia e ao populismo estatizante[20].

No leste asiático, tem merecido destaque o desempenho econômico de países como Coreia, Taiwan, Cingapura e Hong Kong, fortemente apoiados na livre iniciativa, na taxa de câmbio livre (ou pelo menos realista) e no grande comércio internacional.

Enquanto isso, o Terceiro Mundo, perdido na retórica social-democrata ou em regimes verdadeiramente socialistas, continua a lamentar sua sorte e a apontar falsos culpados para suas mazelas.

Há que se reconhecer a regularidade de resultados num caso e no outro. É imperioso tirar as lições dessa experiência.

---

[20] ALSOGARAY, Alvaro. *Consequências do Populismo Estatizante na Argentina*. São Paulo: Instituto Liberal, 1988. p. 4.

## I.8 – A divulgação das ideias liberais

O renascimento do pensamento liberal vem recebendo um forte impulso com a criação de institutos de caráter essencialmente doutrinário, sem vinculação de natureza político-partidária, que se propõem a explicar e a divulgar as vantagens da sociedade organizada com base na democracia representativa no plano político, na economia de mercado no plano econômico e na máxima descentralização de poder no plano administrativo; as vantagens de uma sociedade estruturada segundo os princípios da propriedade privada, do lucro, da ausência de privilégios e da responsabilidade individual.

O primeiro desses institutos foi criado por Anthony Fisher (1915-1988) em 1957. Fisher, um ex-piloto da Força Aérea Real (RAF) que iniciava sua carreira empresarial num bem-sucedido negócio de criação de galinhas, tendo lido *O Caminho da Servidão*, decide entrar para a política e procura F. A. Hayek a fim de manifestar-lhe sua disposição de contribuir para que não ocorresse o que o livro dramaticamente prenunciava. Hayek desaconselha esse tipo de ação e recomenda que seja criado um instituto com o propósito ostensivo de divulgar as ideias liberais por meio da publicação de livros, realização de conferências, elaboração de políticas alternativas para serem oferecidas aos diversos candidatos e promoção de debates entre os defensores das ideias liberais e os das ideias intervencionistas. Assim surgiu o IEA.

A partir de então, institutos vêm sendo criados em diversos países, sempre com o mesmo propósito. Na

América Latina, já existiam na Argentina, no Chile, no Peru, na Venezuela, na Costa Rica, na Guatemala e no México quando, em 1983, foi criado o Instituto Liberal no Rio de Janeiro. Hoje já existem também os Instituto Liberal de São Paulo, do Paraná, do Rio Grande do Sul, de Minas Gerais, da Bahia, de Pernambuco e de Brasília, atuando com esse mesmo propósito de divulgar, explicar, convencer os membros da sociedade quanto às vantagens da ideia liberal.

As palavras com as quais Ludwig von Mises termina o seu *Liberalismus* refletem bem o espírito que preside o trabalho que vem sendo desenvolvido por esses institutos:

> Jamais uma seita, um partido político, acreditou que fosse possível divulgar sua causa apelando para a razão humana. Preferem recorrer à retórica bombástica, às canções e às músicas retumbantes, às bandeiras coloridas, às flores e aos símbolos; seus líderes procuram criar vínculos pessoais com seus seguidores. O liberalismo não tem nada a ver com tudo isso. Não tem flores nem cores, não tem músicas nem ídolos, não tem símbolos nem slogans. Tem substância e argumentos. Isso há de conduzi-lo à vitória.

## I.9 – O neoliberalismo

Quando este livro foi escrito, em 1988, ainda não havia ocorrido a queda do muro de Berlim e quase ninguém se atrevia a qualificar-se como liberal. Ser liberal era sinônimo de ser retrógrado, conservador, insensível, de estar na contramão da história. A grande maioria das pessoas se qualificava como socialista ou social-democrata. Era difícil encontrar alguém que admitisse não ser "de esquerda". A vergonha de não ser socialista era tanta que o bloco parlamentar que tentou se opor à ferocidade intervencionista da nossa Constituição de 1988 se autointitulava "Centrão". Salvo as honrosas exceções, quem não comungasse com as ideias socialistas se dizia de centro-esquerda ou então de centro. Nunca mais do que isso.

O embate que então se travou foi entre a esquerda, que se autoproclamava progressista, sensível às necessidades dos mais carentes, e o centro, que procurava transmitir a impressão de ser sensato e equilibrado. Afinal, como muita gente acredita que *in medio virtus*, essa posição anódina pôde gerar uma certa simpatia. Foi o embate entre a ideologia equivocada (o socialismo) e o vazio ideológico (o centrão). O roto contra o esfarrapado!

De lá para cá, em 1995, muita coisa mudou. Com a divulgação de inúmeras obras de autores verdadeiramente liberais e com a evidência empírica do fracasso do socialismo, muitas pessoas começaram a defender publicamente a abertura e a privatização da economia bem como o fim dos monopólios estatais.

Curiosamente, essas pessoas passaram a ser qualificadas pelos seus oponentes como neoliberais e as ideias, ainda que vagas, que defendiam, de neoliberalismo. A alienação jurássica das esquerdas brasileiras, diante do coro cada vez maior dos que defendiam reformas que nos aproximassem mais de uma economia de mercado, deve tê-las feito supor que essas ideias teriam algo de novo, ou pelo menos que seriam uma versão algo modernizada de ideias antigas.

Daí talvez o prefixo *neo* que a literatura internacional sobre liberalismo desconhece. Essa designação prevalece apenas no Brasil e, pelas mesmas razões, em alguns países da América Latina.

O liberalismo não pretende ser uma ideia moderna ou nova; pretende ser uma ideia correta e adequada para atingir o objetivo comum de todas as ideologias: elevar o padrão de vida das populações em geral. Já no final do século XVIII Jeremy Bentham defendia *"o maior bem-estar para o maior número"*. Não há nada de novo nisso!

A qualificação de neoliberal só é aplicável a um socialista que se tornou liberal. O prefixo *neo*, no caso, se aplica ao indivíduo, não às ideias que ele passou a defender e que, como já se salientou, não têm nada de novo.

Apesar de ventos mais favoráveis às ideias liberais em geral e à economia de mercado em particular, a designação liberal ainda é vista pela maior parte de nossos políticos como um apodo. O presidente Fernando Henrique Cardoso e o vice-presidente Marco Maciel, para citar apenas os dois mais proeminentes, foram a público para se defender da "acusação" de serem liberais – que lhes fazem seus opositores – dizendo-se, o primeiro, social-democrata e o segundo, social-liberal (seja lá o que isso signifique).

Não obstante, no desempenho de suas funções, têm defendido medidas e posturas coincidentes e compatíveis com as que os liberais há muito defendem.

Como dizia Victor Hugo (1802-1885): *"Nada é mais forte do que uma ideia cujo tempo chegou"*.

# CAPÍTULO II

# AÇÃO HUMANA E ECONOMIA

## II.1 – Ação humana

Desde tempos imemoriais, a condição humana, o comportamento do homem, tem ocupado o centro das preocupações dos grandes expoentes da humanidade, de seus maiores pensadores e filósofos. Não obstante, foi só no século XX que a ação humana passou a ser considerada e estudada do ponto de vista de suas inexoráveis regularidades; passou a ser considerada como o objeto de uma ciência e não mais apenas como um padrão de comportamento desejável. Ludwig von Mises denominou a ciência da ação humana de praxiologia (*praxis*-ação, prática + *logia*-ciência, teoria). A economia vem a ser uma parte – a parte mais elaborada e mais estudada – dessa nova ciência.

Mises começa o seu monumental livro *Ação Humana: Um Tratado de Economia* definindo ação humana como um comportamento propositado: visa passar de um estado de menor satisfação para um estado de maior satisfação. Pode-se também dizer que ação humana é a realização de uma vontade, é a tentativa de atingir objetivos, é a resposta do homem às condições do meio ambiente, o seu ajustamento ao universo que lhe determina a vida. São noções esclarecedoras, complementares. Mas a definição em si é completa e suficiente[21].

Toda ação humana visa, *a priori*, substituir um estado de menor satisfação por um estado de maior satisfação ou, o que dá no mesmo, substituir um estado de maior desconforto por um estado de menor desconforto. O aumento de satisfação é o lucro propiciado pela ação. Lucro, no seu sentido mais amplo, é o objetivo de toda ação. Ao agir, o homem não faz mais do que escolher os meios para realizar esse objetivo. O que cada um considera um estado de coisas mais satisfatório depende de um julgamento de valor individual e, portanto, subjetivo, varia de pessoa para pessoa e, na mesma pessoa, de um momento para outro.

Dizer que o objetivo da ação humana é, *a priori*, o de substituir um estado de coisas menos satisfatório por outro mais satisfatório significa dizer que ao ser humano não é dada a opção de algumas vezes preferir uma situação mais satisfatória e, outras vezes, uma situação menos satisfatória; significa dizer que o homem só age para aumentar a sua satisfação ou para diminuir o seu desconforto. Essa irrefutável regularidade produz consequências e precisa ser levada em conta na escolha

---

[21] MISES, Ludwig von. *Human Action. Op. cit.*, p. 11.

dos meios para atingir os fins escolhidos. Afeta, portanto e decisivamente, a ciência econômica.

Essa característica básica e essencial da ação humana é o que Mises denomina de um *ultimate given*, que traduzimos como "um dado irredutível". É um conceito apriorístico e evidente em si mesmo, a partir do qual Mises desenvolve sua teoria. A praxiologia e a economia seriam, assim, ciências axiomático-dedutivas – como a lógica e a matemática, distintas das ciências naturais, como a física e a química, que são ciências hipotético-dedutivas.

Embora, portanto, não sejam adequadas comparações com as leis físicas nem se queira atribuir às leis econômicas qualquer caráter mecanicista, para ilustrar o conceito podemos dizer que afirmar essa regularidade da ação humana equivale a afirmar que a gravidade terrestre atua sobre um corpo no espaço, sempre, como uma força que o faz se aproximar da Terra. Imaginar que a gravidade possa, em algum momento ou em alguma circunstância, atuar de modo que um corpo se afaste da Terra é tão inconcebível quanto imaginar que a ação humana possa ter como objetivo um estado de coisas menos satisfatório ou mais desconfortável.

O homem, ao agir, escolhe; entre duas coisas que não pode ter ao mesmo tempo, seleciona uma e abandona outra. Ação, portanto, é não apenas escolher algo, como, necessariamente, renunciar às suas respectivas alternativas. O pré-requisito que impele o homem à ação é sempre algum desconforto. Um homem perfeitamente contente com a sua situação não teria motivo para agir.

Mas, para que o homem aja, não basta a existência de um desconforto e a imagem de uma situação mais favorável; é preciso também que o comportamento propositado tenha condições de remover, ou pelo menos de aliviar, o desconforto. Se não houver essa possibilidade, nenhuma ação produzirá os efeitos desejados; o homem terá de se submeter ao inevitável.

A economia não tem nada a dizer em relação à escolha dos fins; limita-se a investigar que meios devem ser utilizados para que os fins escolhidos sejam atingidos. O problema econômico decorre, basicamente, do fato de os meios serem escassos e os fins alternativos, ilimitados. Ao utilizar um meio escasso para atingir um determinado fim, o homem renuncia a inúmeros outros fins que poderiam ser atingidos com aquele mesmo meio. Nesse sentido, pode-se dizer que o custo de uma ação, de uma escolha, corresponde a tudo aquilo a que se renunciou em virtude da escolha feita. Se os meios não fossem escassos, se não houvesse custos, todos os fins poderiam ser simultaneamente atingidos; seria o paraíso. O problema seria meramente de natureza técnica e não econômica.

É importante assinalar que a escolha, tanto dos objetivos quanto dos meios, é sempre individual e nunca coletiva. Os homens podem ter objetivos em comum e usar os mesmos meios para atingi-los, mas isso não configura uma decisão coletiva ou do coletivo. O fato de que, numa comunidade, os objetivos e os meios habitualmente escolhidos sejam genericamente os mesmos configura apenas o que se costuma chamar de estágio cultural de uma coletividade, de um povo.

Ação não é a mesma coisa que trabalho. Ação significa empregar meios para atingir fins. Geralmente o trabalho é um dos meios usados. Mas, muitas vezes, basta um sorriso, uma palavra para que o objetivo seja atingido. Falar ou ficar calado, sorrir ou permanecer sério podem ser formas de ação.

A ação humana está sempre voltada para o futuro. Nesse sentido, é sempre especulativa. O homem age visando alcançar uma situação futura mais satisfatória, quer esse futuro seja remoto ou apenas o próximo instante. Sua mente imagina condições que lhe sejam mais favoráveis e sua ação procura realizá-las.

É importante ainda notar que comportamento propositado distingue-se nitidamente de comportamento instintivo, isto é, dos reflexos e das respostas involuntárias das células, órgãos e nervos do corpo humano. Também não se deve confundir a ação com as motivações psicológicas que influem na escolha de um determinado comportamento. As reações instintivas do corpo humano e as motivações de natureza psicológica são apenas fatores que, juntamente com muitos outros, determinam a escolha a ser feita pelo ser humano e, portanto, sua ação.

São essas as condições gerais da ação humana. É importante compreender que essa definição de ação humana não comporta exceções. É universal. É a mesma na Rússia ou nos Estados Unidos; no regime comunista ou no regime capitalista. Ninguém poderá apontar um período da história ou uma vaga tribo da Nova Zelândia em que seja outra a concepção de ação humana. Ação, tal como foi definida, é uma categoria intrínseca ao gênero humano, indissociável do ser humano. Sem ela o homem perde sua característica mais essencial que o distingue dos animais.

## II.2 – A sociedade humana

O fato de a ação humana ter sempre por objetivo substituir uma situação menos satisfatória por outra mais satisfatória é a razão de existir do que se denomina de progresso ou desenvolvimento, em geral, e desenvolvimento econômico, em particular. Essa regularidade, essa lei, levou o homem, ao longo de sua história, a selecionar os meios que melhor lhe propiciassem a consecução desse objetivo.

As chamadas instituições sociais que vieram a ser gradativamente adotadas pelo homem, tais como a divisão do trabalho, a cooperação social, a competição, a moeda, nunca foram, em si, objetivos estabelecidos *a priori*. *A priori*, o objetivo da ação humana é apenas aumentar a satisfação ou diminuir o desconforto. As instituições que o homem escolhe para atingir seus fins são apenas meios. A descoberta e a adoção desses meios são muito mais fruto do intercâmbio anônimo e não planejado do que de uma intenção prévia e deliberada. Não foram imaginadas a priori, por algum cérebro privilegiado, para serem a seguir adotadas. São fruto de uma seleção natural; são o que F. A. Hayek denomina de uma *"ordem espontânea"*[22]. [19,]

---

[22] HAYEK, F. A. *Direito, Legislação e Liberdade. Op. cit.*, Vol. l, p. 35-59.

Já nos seus primórdios, o homem percebeu que a divisão do trabalho e sua consequência natural, a troca direta, resultavam num meio bastante eficiente de diminuir o desconforto. Surge então na humanidade o que se pode denominar de cooperação social. Surge a sociedade humana.

Sociedade é ação em concerto, é cooperação; é fruto do comportamento propositado do homem. A origem da cooperação, da sociedade e da civilização, que transformaram o homem animal num ser humano, se deve ao fato de o trabalho realizado sob o signo da divisão do trabalho e da troca ser mais produtivo do que o trabalho isolado e ao fato de que a razão humana foi capaz de perceber essa verdade, essa realidade.

Talvez, nesse processo de seleção de meios, o passo mais importante tenha sido dado há alguns milênios, quando algum primata percebeu que, em certas circunstâncias, a renúncia a algum prazer imediato seria amplamente compensada por uma maior satisfação futura. A partir daí, talvez, os nossos primeiros catadores e caçadores tenham dado origem ao que viria a ser chamado de sociedade humana. O *homo sapiens* passa a ser também *homo agens*.

## II.3 – A cooperação social

A primeira forma de cooperação social surge no pequeno grupo e prevalece até hoje no âmbito da família. Nessa forma de cooperação prevalece o preceito "a cada um segundo suas necessidades, de cada um segundo suas possibilidades". Na família, a divisão do trabalho se processa segundo esse preceito e o grupo vive em comunhão de bens, sujeito ao comando hegemônico de um chefe que lhe determina as prioridades e lhe dirime os conflitos.

Mises observa, com inteira razão, que entre os membros do grupo surgem

> sentimentos de simpatia e amizade e um senso de lealdade grupal. Esses sentimentos proporcionam ao homem as mais agradáveis e sublimes sensações; são os momentos mais preciosos da vida: elevam a espécie humana a níveis de uma existência realmente humana. Mas não foram esses sentimentos que deram origem às relações sociais. Ao contrário, eles são fruto da cooperação social; só florescem no contexto da cooperação social. Não precederam o estabelecimento das relações sociais e nem foram a semente que lhes deu origem[23].

Entretanto, se prevalecesse apenas essa forma de cooperação grupal, a cooperação social ficaria bastante limitada e a humanidade reduzida a algumas centenas de milhares de pessoas vivendo no seu círculo restrito, produzindo e consumindo em comunidade. Se ninguém está disposto, sabemos todos, a admitir o vizinho na sua família e, portanto, a viver com ele em comunhão de bens, muito menos estará disposto a efetivar essa forma de cooperação com um habitante de Minas Gerais, da Colômbia ou da Manchúria.

---

[23] MISES, Ludwig von. *Human Action. Op. cit.*, p. 144.

O advento da cooperação social entre estranhos, de importância inexcedível para a humanidade, abre um campo que, ao longo da história do homem, vem sendo continuamente ampliado e cujos efeitos ainda estão longe de serem esgotados. Ainda há muito progresso a ser realizado. Na realidade, estamos ainda, por assim dizer, na pré-história do que poderemos vir a ser.

Não são razões de natureza altruística que levam dois estranhos a cooperar entre si; a cooperação só existirá se cada uma das partes envolvidas for capaz de oferecer à outra uma vantagem comparativa, ou seja, algo melhor e mais barato. A troca voluntária só se realiza quando ambos os parceiros aumentam a sua satisfação, quando ambos se beneficiam da troca. O resultado da troca voluntária é sempre positivo; a satisfação de um não é obtida às custas da insatisfação do outro. Cada parceiro dá mais valor àquilo que recebe do que àquilo que se desfaz. Por isso, quanto maior a cooperação entre estranhos, maior será o aproveitamento das vantagens comparativas e maiores a produtividade e a satisfação geral.

Por outro lado, os grupos que preferirem um maior isolamento autárquico, e que por isso permitirem que seus chefes adotem medidas para impedir ou restringir a cooperação entre estranhos, estarão impedindo ou restringindo o possível aumento de satisfação dos membros de suas comunidades.

## II.4 – As regras de justa conduta

Mas, como na cooperação entre estranhos não há chefes nem comandos – e, entretanto, continuam a existir prioridades a serem determinadas e conflitos a serem dirimidos –, os estranhos que, nos primórdios da humanidade, se dispuseram a cooperar perceberam logo a necessidade da existência de regras de conduta a que todos se submetessem, que todos aceitassem e entendessem como benéficas para aumentar a satisfação e diminuir o desconforto geral. As regras mais evidentes de cooperação social, adotadas há milênios, são o "não matarás" e o "não roubarás". São regras que têm consequências econômicas extraordinárias, uma vez que suas implicações quanto à propriedade privada e ao cumprimento de contratos ampliam consideravelmente a possibilidade de cooperação entre estranhos. É fácil imaginar o estágio a que estaria reduzida a humanidade se essas regras não tivessem sido aceitas e adotadas universalmente.

Pode-se dizer que o processo civilizatório é de contenção dos instintos; é colocar a regra acima do instinto. O homem civilizado, diferentemente dos animais, não está à mercê de seus instintos; compreende que a melhor forma de satisfazer seus apetites não é tomar pela violência o que pertence ao vizinho nem atacar qualquer fêmea que lhe desperte o interesse sexual. Ao colocar a regra acima do instinto, o homem estabelece o estado de direito, o império da lei; lei entendida no seu sentido correto: uma regra geral de justa conduta aplicável a todos os casos futuros. Essa ressalva é necessária em virtude do fato de o termo lei ser usado, hoje em dia, para designar legislações, regulamentos, portarias e atos autoritários impostos sobre a sociedade.

A lei precede o Estado, que surgiu exatamente pela necessidade de fazer com que as regras estabelecidas, o "não matarás" e o "não roubarás", fossem obedecidas. Ao Estado foi atribuído, pelos cidadãos, monopólio da coerção, para fazer com que a regra fosse respeitada e sua violação eventualmente punida.

A coerção é um mal, é uma violência. O Estado como detentor do monopólio de coerção é um mal necessário. O seu papel, portanto, deve ser limitado; o poder de coerção só deve ser usado para garantir o cumprimento das regras, para garantir os direitos individuais estabelecidos pelas próprias regras, para fazer com que sejam cumpridos os contratos e os compromissos assumidos entre os cidadãos. É importante notar que os direitos individuais referem-se basicamente àquilo que o homem tem e não lhe pode ser tirado: o direito à vida, à liberdade, à propriedade, à saúde. É, evidentemente, um paradoxo considerar que o homem tem "direito" a ter aquilo que não tem. Assim, o "direito" à casa própria, ao emprego e a tudo o mais que quisermos listar como "direito" representa apenas o desejo de possuir algo e o expediente de pretender obtê-lo às custas de alguém.

Grande parte da confusão hoje reinante decorre do fato de ser crença geral que o homem possa "fazer" as leis. Está implícita nessa noção a ideia de que o homem pode moldar a sociedade como melhor lhe aprouver. Na tradição inglesa do direito consuetudinário – uma das mais fecundas experiências humanas na tentativa de estabelecer regras de justa conduta – cabia aos juízes a função de "descobrir" as leis, isto é, de tornar explícitas, por meio da jurisprudência, as normas de conduta que, por serem habitualmente adotadas, deviam ser consideradas como o comportamento que se espera de uma pessoa nas suas relações com as outras pessoas. De certa forma, cabia-lhes o mesmo papel que coube a Moisés quando imprimiu os Dez Mandamentos nas tábuas da lei do seu povo. "Descobrir" a lei significa perceber o que funciona e abandonar o que não funciona. O respeito à palavra empenhada, a honestidade, o direito de propriedade, as regras morais de uma maneira geral são valores que estão arraigados em nós porque funcionam, porque os grupos que os adotaram aumentaram sua satisfação e diminuíram seu desconforto. O tema é por demais importante e merece um exame mais cuidadoso. Aos que se interessarem, recomenda-se a excelente trilogia de Hayek, *Direito, Legislação e Liberdade*[24], publicada em inglês nos anos de 1973, 1976 e 1979, sendo traduzida para o português em 1985.

O que importa, por ora, é consignar que a adoção da regra e a submissão a ela surgiram na humanidade como um meio para atingir o objetivo de aumentar a satisfação ou diminuir o desconforto. A implementação de leis ou regras que contrariem os inexoráveis determinantes da ação humana só poderá ser feita pelo aumento da coerção. Na medida em que isso ocorra, a sociedade livre transforma-se em uma sociedade submetida a um poder autoritário, seja ele o monarca, o déspota, o dita-

---

[24] HAYEK, F. A. *Direito, Legislação e Liberdade*. Op. cit.

dor militar ou o representante de uma eventual maioria que controla um Estado todo poderoso.

## II.5 – O mercado

Se, na sociedade humana, as regras e o Estado, no seu papel de fazê-las obedecidas, cumprem a função de dirimir os conflitos, é preciso de alguma forma determinar as prioridades; determinar o que deve ser produzido. O problema pode ser resolvido através de um chefe (modernamente se diria um planejador central) que estabeleça as obrigações de cada indivíduo. Mas, nesse caso, a cooperação social entre estranhos fica limitada ao conhecimento que essa autoridade tenha em relação às necessidades e às possibilidades de cada um. Na sociedade livre, a cooperação entre estranhos é feita por meio do mercado, permitindo, assim, que homens cujos valores e propósitos sejam diferentes possam cooperar entre si sem que haja necessidade de acordo quanto aos objetivos de cada um.

O mercado não é um local, uma praça onde se realizam trocas. O mercado é um processo de transmissão de informações, informações essas que são representadas pelos preços. As pessoas, ao comprarem ou deixarem de comprar um produto por um determinado preço, estão dando uma informação. O conjunto dessas informações é que, por assim dizer, comanda, dirige, orienta a utilização dos recursos escassos, de forma que seja obtida a maior satisfação possível.

Todo produto cujo preço de mercado for superior à soma de todos os fatores que concorrem para sua produção (custo de produção) permite, a quem produzi-lo, uma margem denominada lucro. Todo produto cujo custo de produção for superior ao maior preço que as pessoas estejam dispostas a pagar não será produzido, a não ser com prejuízo e por quem estiver disposto a suportá-lo. Quanto maior for a margem de lucro, maior será o estímulo para que o produto em questão seja produzido. No mercado livre, os preços informam o que as pessoas desejam que seja produzido e, quanto maior for a expectativa de lucro, mais rapidamente elas serão atendidas.

As intervenções no mercado – subsídios, tabelamentos, gravames de qualquer natureza – deformam os preços e, portanto, deformam as informações a serem processadas pelo mercado. Quanto maior a intervenção, maior a deformação dos preços e maior a desinformação daí decorrente: investimentos passam a ser feitos para atender a uma demanda que só existe em virtude do subsídio; produtos desejados pelos consumidores deixam de ser produzidos pelo fato de seus custos de produção excederem o valor do tabelamento e assim por diante. Desorganiza-se a produção. Diminui a satisfação.

O estabelecimento de tarifas aduaneiras ou reservas de mercado significa apenas o favorecimento de produtores de um determinado item em detrimento da enorme maioria de consumidores. Os ganhos decorrentes da proteção podem ser tão grandes que, para mantê-los, os capitalistas e os empresários desses setores de produção paguem aos seus operários salários maiores que os de mercado, a fim de tê-los como cúmplices e cointeressados no sistema de pressão, que tem por finalidade manter o privilégio decorrente da proteção. Os prejudicados são todos os consumidores que, direta ou indiretamente, são obrigados a pagar um preço maior ou que, na impossibilidade de fazê-lo, deixam de ter acesso ao produto em questão.

No caso da intervenção via monopólio estatal, os consumidores, além de serem obrigados a usar produtos e serviços piores e mais caros, acabam sendo também obrigados a arcar com um ônus adicional. Assistimos a uma pressão cada vez maior dos funcionários das estatais por maiores salários e mais vantagens. Para obtê-los, recorrem à ameaça (muitas vezes concretizada) de interrupção de serviços essenciais. As greves no setor privado já não são frequentes como outrora porque os operários já estão percebendo que os empresários privados não podem desconsiderar a realidade; se os salários exigidos forem superiores aos que o mercado determina, haverá inevitavelmente demissão e desemprego. Mas o Estado-empresário pode atender a reivindicações absurdas ou exageradas, transferindo as consequências para o público em geral: basta-lhe aumentar as tarifas ou os preços de seus produtos, que por serem essenciais e monopolizados (energia, comunicação, previdência), são de substituição difícil ou até mesmo impossível. Ou ainda, o que é mais frequente, cobrir o déficit de suas empresas recorrendo à inflação. De qualquer forma, como sempre, privilegia-se um pequeno grupo (os funcionários das estatais) em detrimento da imensa maioria de consumidores e de assalariados, que sofrem as consequências do aumento de preços e da inflação.

O parágrafo acima foi escrito em 1988. No momento em que faço a revisão desta nova edição (junho de 1995), não posso deixar de consignar que pela primeira vez na história um governo brasileiro, eleito democraticamente, tomou uma atitude séria em relação a uma greve de servidores públicos – a greve dos petroleiros. Até agora a atitude do governo tem sido serena e firme, como deveria sempre ser. Se mantiver esse comportamento, estaremos dando um passo fundamental para a implantação em nosso país de um verdadeiro Estado de Direito.

## II.6 – O lucro

Convém que nos detenhamos um pouco mais sobre a questão do lucro e sua significação verdadeira. Conceitos como lucro, investimento e capital adquiriram significados específicos com o tempo e nos países em que prevalecia uma razoável liberdade econômica. Esses termos continuam a ser empregados hoje em dia, apesar de a crescente intervenção do Estado na economia ter-lhes modificado inteiramente o significado. A tal ponto que podemos afirmar, ao mesmo tempo, que o lucro é a mola do progresso e que o lucro deveria ser confiscado. Estamos, é claro, nos referindo a duas coisas que são diferentes, embora recebam a mesma denominação. Examinemo-las.

Considera-se, geralmente, que o empresário faz jus ao lucro porque corre riscos, ou porque tem capital (ou pelo menos tem o seu controle), ou porque tem *know--how*, experiência e até mesmo porque trabalha muito (o que é bastante verdadeiro na maioria dos casos). Na realidade, o empresário é uma mistura de tudo isso; não existe na natureza o empresário em estado puro. Suas atividades, como a de qualquer ser humano, são múltiplas, o que dificulta a compreensão do que seja, na essência, a atividade empresarial.

Para melhor compreender esse fenômeno, façamos o que Mises denomina de uma construção imaginária[25], suponhamos um empresário diferente. Nosso empresário não tem capital; toma dinheiro emprestado e considera os juros correspondentes no custo de produção de seu produto. Não tem *know-how*: compra o *know-how* e igualmente inclui esse valor no custo. Nosso empresário detesta trabalhar: contrata um gerente competentíssimo, por um bom salário, que constrói e opera a fábrica, contrata o financiamento, compra o *know-how*, faz, enfim, tudo o que é necessário para produzir um determinado produto. Nosso empresário tem horror a riscos: coloca tudo o que pode no seguro, faz operações *hedge* e de mercado futuro para se prevenir das eventuais variações nos juros, nos preços dos seus insumos ou do seu produto acabado. Todas essas despesas são incluídas no custo de produção e, ao final de tudo, pagando todos os fatores de produção, os bens de capital, os juros, o *know-how*, os seguros, o gerente etc., o produto custa 60 e encontra compradores em número suficiente para absorver toda a produção, dispostos a pagar 100 pelo mesmo. Resulta, portanto, um lucro de 40.

---

[25] MISES, Ludwig von. *Human Action. Op. cit.*, p. 236.

A que se deve esse lucro, se todos os fatores que contribuíram para a produção já foram adequadamente remunerados? Qual sua justificativa? Esse lucro é fruto de uma descoberta. A descoberta de que, juntando fatores de produção existentes – capital, *know-how*, bens de produção, trabalho, gerenciamento, seguro etc. – e que eram valorados por 60, esses fatores transformam-se num produto que os consumidores valoram por 100. A descoberta do nosso empresário é extremamente apreciada; os consumidores estão dispostos a pagar 100 por um produto cujos componentes ele próprio valorou apenas em 60. Talvez esse novo produto substitua com vantagens um outro até então usado e que os consumidores pagavam, digamos, 110, e que tinha um custo de produção de, digamos, 105. A quem pertence a descoberta? A quem pertence a diferença de 40, o lucro puro de 40, que não existia antes de ser descoberto? Pertence, é claro, ao descobridor. A ética do lucro é a ética da descoberta. O valor gerado pela descoberta pertence a quem descobriu. Esse fato é amplamente reconhecido na expressão coloquial inglesa *finders keepers*: qualquer coisa que não tenha dono torna-se, com inteira justiça, propriedade privada da primeira pessoa que, descobrindo sua utilidade e seu valor potencial, dela se apossar. Desse tipo de lucro podemos dizer: quanto mais, melhor; quanto mais descobertas que favoreçam o consumidor, melhor. Onde houver liberdade de entrada no mercado e onde o sistema de preços não for deformado por intervenções do Estado ou por preços monopolísticos, a perspectiva de lucro estimula a atividade empresarial, beneficiando a sociedade e favorecendo o consumidor.

A descoberta pode ser tanto a de uma jazida de ouro ou a da cura da Aids como a de um processo de se produzir melhor e mais barato uma mercadoria já existente ou um produto novo nunca antes imaginado. A descoberta tem que dar origem a um produto que o consumidor valorize mais do que os fatores que concorreram para sua produção. De nada adiantaria "descobrir" um método de ensacar a água do mar, já que nenhum consumidor daria valor ao produto assim obtido. O processo de descoberta é um processo permanente de tentar identificar algo que o consumidor considere melhor e mais barato do que as alternativas das quais dispõe no momento. O sucesso da descoberta depende da aprovação do consumidor, que é soberano para fazer sua escolha. Nesse sentido, pode-se dizer que, numa sociedade livre e, portanto, competitiva, o lucro é a medida da contribuição empresarial à sociedade; é a forma com que a sociedade diferencia o empresário competente do incompetente.

Numa sociedade autoritária e intervencionista, entretanto, as coisas se passam de uma maneira bastante diferente; o lucro passa a ser também fruto do favorecimento e do privilégio – e, por isso mesmo, iníquo e imoral. Desse tipo de lucro pode-se dizer que quanto menos, melhor.

Esse aparente paradoxo, que decorre do emprego da mesma palavra para designar dois fenômenos bastante distintos, leva muitas pessoas a condenarem o lucro quando, na realidade, se desejam uma melhoria das condições de vida dos membros da sociedade, deveriam combater os privilégios concedidos por meio de protecionismos, subsídios, monopólios, reservas de mercado e outros favorecimentos da mesma natureza.

É importante notar que o intervencionismo invariavelmente protege alguns produtores em detrimento do consumidor, enquanto a liberdade de entrada no mercado favorece o consumidor, obrigando o produtor a "descobrir" a maneira de satisfazê-lo. Quando o caminho do sucesso deixa de ser o de produzir algo melhor e mais barato e passa a ser o de obter os favores do "rei", ou o de ser "amigo do rei", a sociedade se degenera moralmente e empobrece economicamente.

## II.7 – A função empresarial

Costuma-se caracterizar a atividade empresarial como uma atividade economizadora, isto é, que procura encontrar meios e processos de produzir com mais eficiência. Israel M. Kirzner argutamente observa que, embora essa preocupação esteja sempre presente na atividade empresarial, ela não constitui sua verdadeira essência. Ser mais eficiente num processo de produção implica saber a priori o que deverá ser produzido. Se fosse só essa a natureza da atividade empresarial, estaríamos apenas produzindo cada vez melhor as mesmas coisas.

O essencial da função empresarial, continua Kirzner, consiste em "descobrir" o que até então não havia sido percebido por outros. A atividade empresarial pura é um processo de descobertas; o papel do empresário puro é estar alerta para perceber oportunidades que até então passavam despercebidas. Descobrir oportunidades inexploradas exige um estado de alerta (*alertness*). A economia e a otimização, por si mesmas, não são capazes de gerar essa descoberta. A atividade economizadora só pode "deduzir" melhoramentos que estão implícitos no conhecimento existente, mas não lhe é possível "descobrir" porque, por definição, a descoberta não está implícita no conhecimento existente.

O que gera oportunidades de lucro empresarial puro é a imperfeição do conhecimento existente entre os participantes no mercado. O processo gerador de lucro é, portanto, um processo de correção da ignorância dos participantes no mercado. É um processo de remoção da ignorância. Depois de feita a descoberta, a competição e a atividade economizadora farão o seu papel de reduzir o custo.

A descoberta de uma oportunidade de lucro representa a descoberta de alguma coisa obtenível em troca de nada; algo obtido depois de pagos todos os custos. Ou seja, o lucro puro tem custo zero. O lucro puro é gerado ex-*nihil*; é criado a partir do nada. O valor assim gerado corresponde a uma verdadeira criação.

O processo de descobertas a que nos referimos não é apenas, nem principalmente, a descoberta daquilo que queremos descobrir. Se sabemos o que queremos descobrir, o problema situa-se mais adequadamente no campo da pesquisa. Pode ser resolvido com uma atuação competente e dedicada de um pesquisador ou de um cientista. A descoberta específica da função empresarial é a descoberta daquilo que sequer imaginamos poder descobrir. É tudo aquilo que nem sabemos que pode existir e, portanto, aquilo que nem sentimos falta quando não temos. Há dez anos ninguém sentia falta do fax; hoje ninguém consegue viver sem ele[26].

Analogamente, a ignorância a ser removida pela função empresarial não é apenas, nem principalmente, a ignorância daquilo que alguém não sabe e sabe que não sabe. Muito mais importante é a remoção da ignorância daquilo que não sabemos e não sabemos que não sabemos. É a ignorância absoluta. Ignorância absoluta é aquela que não podemos superar – quaisquer que sejam os meios empregados – com a mais diligente das pesquisas porque ignoramos qual seja a nossa própria ignorância. Esse tipo de ignorância só pode ser superado através do processo de descobertas inerente à função empresarial e à economia de mercado.

Ao restringirmos a liberdade de entrada no mercado, ao inibirmos a atividade empresarial, estamos restringindo, limitando a remoção de nossa ignorância e, portanto, a correção dos erros que cometemos em

---

[26] O fato do próprio exemplo utilizado pelo autor ser ininteligível demonstra a pertinência do argumento. Fax é uma tecnologia das telecomunicações usada para a transferência remota de documentos através da rede telefônica, inventado em 1949 e produzido em larga escala a partir de 1973, tendo se tornada obsoleta na década de 2000 com a popularização da *internet*, tendo sido substituído em um primeiro momento pelo *e-mail* e atualmente por uma série de novas ferramentas digitais. (N. E.)

virtude de nossa ignorância. E, o que não sei se é melhor ou pior, podemos ser felizes porque ignoramos a nossa própria ignorância e não percebemos os nossos erros. Só não podemos deixar de sofrer as inevitáveis consequências; e geralmente atribuí-las a falsos culpados. Por ignorância.

Sem dúvida alguma, com o conhecimento tecnológico existente e o capital já acumulado poderia ser produzida uma infinidade de novos bens ou poderiam ser substancialmente melhorados os que já são habitualmente produzidos. A questão reside em saber qual o conjunto de bens que deve ser produzido, com o capital e o *know-how* já existentes, de forma a se obter a maior satisfação possível. Ou seja, como devem ser alocados os fatores de produção de forma a atender às necessidades que o consumidor, a seu juízo, considera mais urgentes. A função empresarial consiste exatamente em, valendo-se das informações transmitidas pelo mercado – os preços – e das consequentes possibilidades de lucro, "descobrir" qual o conjunto de bens, entre todos aqueles cuja produção é tecnicamente possível, que propicia a maior satisfação possível, que atende às necessidades mais urgentes dos consumidores.

## II.8 – A competição

Mas, ainda que desejáveis, ainda que frutos do processo de descoberta, não se imagina que os lucros serão altos ou que permanecerão altos. Havendo liberdade de entrada no mercado, quanto maior a possibilidade de lucro, maior o estímulo para que novos empresários passem a produzir aquele produto tão desejado e que enseja tantos lucros. Havendo liberdade de entrada no mercado, é inevitável que haja competição. Quanto maior a liberdade de entrada, maior a competição e, como consequência, maior a correspondente redução dos preços e dos lucros. Se a competição for limitada apenas às fronteiras nacionais, seus efeitos serão benéficos; se for ampliada para prevalecer entre um grupo de países, seus efeitos serão melhores ainda; se for estendida a todo o planeta, seus efeitos serão o máximo que o homem pode almejar nas condições vigentes de conhecimento tecnológico e de disponibilidade de capital.

É exatamente por isso que uma das mais importantes funções do Estado é assegurar a liberdade de entrada no mercado, de forma a possibilitar a maior competição possível. Lamentavelmente, em vez disso, no caso brasileiro, o Estado promove a reserva de mercado, o protecionismo, a carta-patente, privando assim os indivíduos, os consumidores, dos benefícios que a competição ensejaria.

A palavra competição evoca alguma confusão. Há quem considere discutíveis suas vantagens. A habitual condenação do que se convencionou denominar de "capitalismo selvagem" é um bom exemplo disso. A competição frequentemente obriga empresários a fecharem suas fábricas e a despedirem seus empregados; é claro que isso só ocorre em virtude de outros empresários terem construído novas fábricas e contratado outros operários. Foi Joseph A. Schumpeter (1883-1950) quem cunhou a expressão "destruição criativa" (*creative destruction*)[27], para designar esse fenômeno. O surgimento, no início do século, da indústria automobilística "destruiu" a indústria de carruagens e arreios e a atividade de criação de cavalos de tração, que empregavam centenas de milhares de pessoas e vultosos capitais. Não se pode negar que a humanidade se beneficiou extraordinariamente dessa "destruição". Entretanto, nos dias de hoje não são poucos os que, em nome de uma "manutenção do emprego", propõem, numa atitude bastante conservadora, que se mantenha, via concessão de privilégios, indústrias menos eficientes, quando não obsoletas, evitando a substituição por outras que atenderiam melhor os interesses dos consumidores.

A competição social não é um fenômeno restrito aos empresários que visam obter lucros. É inconcebível qualquer forma de organização social em que não haja competição. Se quisermos imaginar uma sociedade em que não haja competição, teremos de imaginar um sistema totalitário em que o chefe supremo, que determina a posição de cada pessoa no contexto social, no exercício de sua tarefa, não seja de forma alguma influenciado pela ambição ou pelo desejo de seus subordinados. Os indivíduos seriam indiferentes ao seu destino. Se as pessoas agissem dessa forma, já não seriam seres humanos.

Convém lembrar que a competição empresarial é um fenômeno dos últimos 200 anos. Até o final do século

---

[27] SCHUMPETER, Joseph A. *Capitalismo, Socialismo e Democracia*. Rio de Janeiro: Zahar, 1984. p. 110.

XVIII, cabia ao monarca distribuir os produtores por área e por atividade, com o objetivo precípuo de evitar a competição.

O razoável nível de competição que prevaleceu em parte do mundo ocidental (embora com altos e baixos em alguns países) foi responsável pela contínua queda nos preços reais das mercadorias nos últimos 200 anos. Essa contínua queda dos preços não é bem percebida em virtude de os valores nominais sofrerem os efeitos da inflação que tem estado presente mesmo nos países mais desenvolvidos, sobretudo no século passado, após a Primeira Guerra Mundial. O fenômeno é melhor percebido se considerarmos que os processos tecnológicos consomem, por unidade produzida, cada vez menos aço, chumbo, cobre, energia, mão de obra, combustível. Até mesmo a vantagem comparativa dos países subdesenvolvidos nos setores que empregam muita mão de obra, em virtude de seus salários bem menores, está sendo grandemente diminuída pela crescente aplicação da informática e da robotização, o que provavelmente aumentará ainda mais o *gap* econômico existente entre o Primeiro e o Terceiro mundos.

Essa notável redução de custos e de preços e esse enorme aumento da produtividade da mão de obra decorrente do cada vez maior volume de capital produtivo colocado a serviço da produção, assim como o melhor padrão de vida do trabalhador dos países desenvolvidos, são, em grande parte, fruto da maior liberdade de entrada no mercado e da correspondente competição. Não se pode esperar ter as vantagens da competição criando toda sorte de restrições à liberdade econômica. A miopia das políticas econômicas de quase todos os países subdesenvolvidos, que hostilizam tanto os capitais privados nacionais como os internacionais, tem por consequência inevitável o menor padrão de vida dos seus trabalhadores. E, obviamente, menos liberdade.

Inúmeros tecnocratas, bem como inúmeros empresários que atuam em setores protegidos por monopólios, tarifas alfandegárias, cartas-patente, reservas de mercado etc., costumam se referir à "função social" de suas empresas como sendo a de manter empregos ou a de prestar determinados serviços à sociedade. A verdadeira função social da empresa é produzir algo melhor e mais barato. O público, ao comprar, não pergunta se o produto foi produzido por uma empresa que cumpre uma "função social". Procura apenas aumentar sua satisfação. O empresário pode dar ao lucro auferido a destinação que melhor lhe aprouver: doar a instituições de caridade, distribuir entre os pobres ou entre seus empregados, expandir sua atividade, gastar superfluamente etc. É uma decisão individual e não empresarial. O empresário pode ser generoso com a destinação que dará ao lucro, mas tem que ser implacável com a redução dos custos. A empresa não pode fazer benesses, porque o público é implacável e só prestigia quem vende um produto melhor e mais barato.

Muito se tem falado sobre ganância empresarial e lucros abusivos. Eduardo Mascarenhas, na sua contundente análise dos 30 paradigmas da inteligência nacional, coloca o tema de forma, a meu ver, irrepreensível:

Lucros abusivos não são fruto de manobras espertas de empresários gulosos, são efeitos de insuficiência concorrencial. Não podem, portanto, tais lucros abusivos serem combatidos com menos capitalismo. Só podem ser combatidos com mais capitalismo.

A ganância empresarial, por chocante que possa à primeira vista parecer, não é força satânica e destrutiva. Ao inverso, é força vibrante, intensa e repleta de energia – a única capaz de fazer girar, com eficácia, a Roda da Fortuna. É aquela fome de lucro que põe em marcha a economia.

Dito tudo isso, há que se concluir: ganância empresarial não se administra com discursos éticos sobre a virtude da frugalidade e do desprendimento. Pelo contrário, administra-se pela contraposição da ganância empresarial alheia[28].

## II.9 – A igualdade de oportunidade

É costume condenar a competição, e seus resultados, sob a alegação de que não há igualdade de oportunidade. Realmente não há. Inicialmente devemos destacar a irremediável desigualdade fisiológica das pessoas. Os diferentes graus de inteligência, de força de vontade, de beleza física, de destreza, de talento tornam impossível a igualdade de oportunidade. A habilidade do jogador de futebol, a beleza da artista de televisão e o talento do compositor lhes conferem uma vantagem impossível de ser eliminada. As diferenças no ambiente familiar

---

[28] MASCARENHAS, Eduardo. *Brasil: De Vargas a Fernando Henrique*. Rio de Janeiro: Nova Fronteira, 1994. p. 221.

em que cada um é criado aumentam ainda mais as desigualdades.

Para que a igualdade de oportunidade fosse completa, seria necessário colocar uma desvantagem compensatória (um imposto especial, talvez) sobre os mais bem-dotados intelectualmente, sobre os mais bonitos, sobre os de maior força de vontade. É óbvio que isso seria um absurdo.

Mas, continuam os críticos, se a desigualdade fisiológica for irremediável, deveria pelo menos haver igualdade de oportunidade do ponto de vista econômico. Como pode o menino pobre competir com o menino rico? A riqueza deveria ser distribuída e o direito de herança abolido, para que houvesse efetiva igualdade de oportunidade.

O argumento carece de sentido. O objetivo apriorístico da ação humana, convém repetir, é aumentar a satisfação e diminuir o desconforto. O homem não age com o objetivo de propiciar a igualdade de oportunidade. As instituições sociais vão sendo adotadas na medida em que atendem o objetivo da ação humana. Certamente, se num dado momento toda riqueza acumulada fosse distribuída, no instante seguinte a imensa maioria das pessoas estaria em melhor situação; a partir desse instante, começaria o processo de empobrecimento. Para qualquer ser humano que se preocupa com o futuro além do mero momento imediato, a acumulação de capital e a transmissão hereditária atendem melhor os objetivos do homem do que outros sistemas menos eficientes.

É evidente que, se não fosse permitida a acumulação de capital e sua transmissão por herança, as pessoas estariam hoje em situação bem pior do que estão. No final do século XVIII, a expectativa de vida em Paris era de 25 anos. Um século depois, graças à liberdade econômica que então prevaleceu e à consequente acumulação de capital, essa expectativa de vida tinha dobrado. Foram anos de vida, vidas inteiras, que a humanidade ganhou. Se a ideia de distribuir a riqueza para permitir uma igualdade de oportunidade tivesse prevalecido no século XVIII, quando caíram as monarquias, 100 anos depois a expectativa de vida talvez continuasse sendo os mesmos 25 anos que a humanidade precisou de mais de 30 séculos para atingir.

A importância da acumulação de recursos e do seu emprego como capital produtivo geralmente não é bem percebida. Um trabalhador norte-americano ou suíço não ganha em média dez vezes mais do que um latino-americano por ser dez vezes mais inteligente, dez vezes mais hábil ou mais trabalhador. Sua maior produtividade e consequente melhor padrão de vida decorrem do fato de poder utilizar uma quantidade bem maior de capital produtivo, capital esse acumulado e aplicado diligentemente pelas gerações anteriores. Se acabar o direito da herança, muitos entre os que são capazes de gerar riqueza preferirão esbanjá-la, dissipá-la, em vez de transformá-la em capital produtivo. Outros, que não encontram prazer na dissipação, simplesmente não utilizarão toda sua capacidade de gerar riqueza. Evidentemente, a humanidade empobrecerá.

Há ainda os que alegam, em nome da igualdade de oportunidade, que todos deveriam ter acesso a um mínimo de educação escolar e de saúde. Ora, isso é extremamente desejável, não por configurar uma maior igualdade de oportunidade, mas por aumentar a competição. Numa sociedade livre, a melhoria da qualidade do estoque humano aumenta a produção, a qualidade de vida, o respeito às regras. A questão a ser colocada é: qual deve ser esse mínimo?

Os socialistas, intervencionistas e redistributivistas parecem crer que o mínimo a ser concedido é uma opção voluntarista: bastaria que os mais generosos derrotassem, pela via política ou pela via revolucionária, os mais insensíveis e estariam abertas as portas do paraíso.

Para esses visionários alienados a realidade não existe. O simples questionamento das consequências econômicas que certas medidas provocarão sobre os próprios presumíveis beneficiários é considerado inaceitável e retrógrado. Perguntar quanto custa a concessão de um certo benefício, então, é tido como moralmente inadmissível.

Como bem observou Thomas Sowell, será que essas pessoas pensam que podem acreditar em qualquer tolice que lhes agrade? Será que não percebem que crenças equivocadas podem ter consequências desastrosas? Será que não percebem que a realidade não é uma opção?[29]

---

[29] SOWELL, Thomas. *Is Reality Optional?: And Other Essays*. Stanford: Hoover Institution Press, 1993. p. 4.

Para simplificar a discussão e colocá-la nos seus devidos termos, sugiro que seja concedido aos mais carentes tudo o que desejam os mais veementes defensores da distribuição de renda via intervenção do Estado, desde que sejam observados dois princípios básicos:

> 1º) Que existam os recursos; senão a distribuição é uma farsa, mera demagogia e não pode ser levada a sério;
>
> 2º) Que os recursos sejam entregues diretamente aos indivíduos, que deveriam ser livres para escolher, por exemplo, a escola em que vão colocar seus filhos ou o seguro de saúde que os atenderá em caso de necessidade.

É óbvio que o mínimo a ser assegurado a cada um não poderá ser o mesmo na Suécia ou no Gabão, tendo em vista a diferença de capital acumulado num caso e no outro. No caso brasileiro, o nível de riqueza já atingido pelo país é, seguramente, mais do que suficiente para assegurar a todos um razoável mínimo de educação e de saúde. Os recursos para isso existem e a comunidade os paga sob a forma de impostos. Lamentavelmente esses recursos são usados para outros fins, são desperdiçados em investimentos inúteis ou consumidos para sustentar uma burocracia ineficiente e voraz. E, mesmo quando empregados em educação escolar, o são de maneira ineficiente e improdutiva.

O problema se resolveria facilmente – a sugestão é de Milton Friedman[30] – se fosse dado a cada aluno em

---

[30] FRIEDMAN, Milton & FRIEDMAN, Rose. *Liberdade de Escolher: O Novo Liberalismo Econômico*. Rio de Janeiro: Record, 1980. p. 153.

idade escolar, cujos pais não pudessem arcar com sua educação, um cupom, ou seja, um tíquete (como os que eram usados para restaurante) que desse direito a um período escolar. Caberia ao aluno, por meio de seus responsáveis, escolher a escola que deseja frequentar e ter, portanto, acesso à mesma educação que é ministrada aos filhos dos que têm melhor situação econômica. Isso obrigaria as escolas e os professores, os produtores, a competirem, procurando oferecer a melhor qualidade de ensino possível aos alunos, os consumidores.

Os Institutos Liberais têm apresentado soluções, por meio de sua série *Políticas Alternativas*, para o problema da educação, da saúde e da previdência. Recentemente, na publicação *Problemas Sociais, Soluções Liberais*, editado sob supervisão e coordenação de Arthur Chagas Diniz, foi feita uma síntese das propostas liberais para esses três macroproblemas sociais, mostrando inclusive que os recursos existem, mas, lamentavelmente, estão sendo dilapidados e desperdiçados pela forma como são empregados.

No fundo, a algaravia habitualmente feita em favor da igualdade de oportunidade e da distribuição de renda reflete apenas o desejo de uma igualdade de resultados, o que é, evidentemente, impossível. Na sociedade intervencionista, todos pedem à autoridade que intervenha para melhorar os seus resultados; na sociedade livre, são os consumidores que determinam a posição de cada um na hierarquia social.

Não há nada de errado, em si, na desigualdade de renda, quando ela é fruto do esforço, da sorte ou da inventiva de uns contra a lassidão, o azar ou a incapacidade de outros. Inaceitável é a desigualdade de renda provocada pela intervenção coercitiva do Estado, favorecendo uns em detrimento de outros. Ademais, é absolutamente falso que exista um "bolo" de renda que possa ser redistribuído sem que se altere o processo de produção do bolo. É evidente que a própria criação de riqueza depende da forma como ela será distribuída. A intolerável distribuição de renda vigente em nosso país não é fruto, como pensam muitos, do funcionamento de um regime capitalista selvagem; é fruto da enorme concentração de poder nas mãos do Estado, que distribui privilégios e favores entre seus amigos e entre os grupos de pressão, em detrimento da imensa maioria do povo brasileiro.

## II.10 – A acumulação de capital

Os defensores do socialismo e do intervencionismo, embora reconheçam a importância e a necessidade da poupança e da acumulação de capital como instrumento essencial para promover o desenvolvimento econômico, condenam a utilização que é dada ao capital acumulado quando sujeita apenas às forças do mercado. Deixado ao sabor do mercado, alegam eles, o capital seria investido na fabricação de produtos supérfluos e desnecessários, em vez de se orientar para as necessidades das massas. Seriam fabricadas as coisas que os capitalistas querem, não as que as massas precisam. Por outro lado, a influência das multinacionais acabaria mudando os hábitos genuinamente nacionais; o consumidor perderia sua autenticidade e se transformaria num colonizado, do ponto de vista cultural. Em suma, mais um freguês para o McDonald's.

Para evitar tudo isso, continuam esses ideólogos, é preciso ou socializar de vez o país ou intervir a fim de "orientar" o investimento no sentido dos verdadeiros interesses nacionais. Com esse objetivo, criam-se mecanismos de controle de forma que a poupança voluntária nacional seja canalizada para os setores considerados mais importantes; como a poupança voluntária não é suficiente para todos os projetos imaginados, obriga-se a comunidade a fazer uma poupança compulsória (previdência, fundo de garantia, empréstimo compulsório etc.).

Na realidade, o que esses adeptos da intervenção estão dizendo é que as massas não são capazes de identificar seus interesses, sendo, portanto, necessário obrigá-las a entregar compulsoriamente parte substancial de seus salários para que os doutos teóricos lhes deem uma melhor destinação. Assim, por exemplo, um pobre trabalhador que luta pela sobrevivência, sua e de seus filhos, é obrigado a "poupar" mais de 30% do seu salário em INSS, em FGTS, em compulsório dos combustíveis, quando certamente poderia utilizar esses recursos para satisfazer necessidades muito mais imediatas.

Lamentavelmente, via de regra, esses recursos compulsoriamente arrecadados não são bem utilizados. No caso do INSS, por exemplo, a maior parte dos contribuintes não chega a se aposentar – morre antes – e os recursos são usados para a aposentadoria dos mais ricos ou nas fraudes, que são de conhecimento público. O FGTS foi dilapidado pelo antigo Banco Nacional da Habitação (BNH); o empréstimo compulsório foi usado para cobrir o déficit público. É lastimável que esses recursos, tão necessários à subsistência dos mais carentes, sejam dilapidados tão irresponsavelmente.

Quando a poupança compulsória e voluntária é utilizada para realizar os investimentos determinados pelo Estado, e não pelo mercado, o que se vê são a Ferrovia do Aço (que ainda não foi concluída e já se começou a Norte-Sul)[31], o Acordo Nuclear (sem comentários), a Açominas (que jamais produzirá o suficiente para dar retorno ao investimento). Mesmo investimentos úteis, como os feitos para geração de energia hidrelétrica, custam o dobro do necessário quando realizados pelo Estado. Prevalecem o clientelismo e o nepotismo.

---

[31] A chamada Ferrovia do Aço, também conhecida como a Ferrovia dos 1.000 dias, é uma ferrovia longitudinal brasileira, em bitola larga, que liga o município de Jeceaba, em Minas Gerais, à cidade de Volta Redonda, no Rio de Janeiro, tendo sido anunciada em 1973 e entrado em operação em 1989, após a publicação das quatro primeiras edições deste livro. Com o projeto anunciado em 1985, A Ferrovia Norte-Sul (EF-151) é uma ferrovia longitudinal brasileira, em bitola larga, projetada para ser a espinha dorsal do sistema ferroviário nacional, interligando as principais malhas ferroviárias das cinco regiões do país, entretanto, os inúmeros atrasos nas obras fizeram que o início das operações parciais se dessem apenas em 1996, estando ainda inconclusa até os nossos dias e funcionando apenas em poucas cidades dos estados do Maranhão, Tocantins, Goiás, Minas Gerais e São Paulo. (N. E.)

Por outro lado, a alocação de recursos feita pelo mercado obriga que sejam produzidos, de forma cada vez melhor e mais barata, os bens e os serviços desejados pelas massas. Um dos traços característicos do capitalismo é a produção para as massas, pois só assim se viabilizam os grandes investimentos capazes de permitir uma sensível economia de escala. Antes do advento do capitalismo, só se produzia para as elites.

Os defensores do intervencionismo parecem não perceber que, ao condenarem o mercado por eventualmente não produzir o que consideram melhor para as massas, acabam criando um aparato estatal que desperdiça a poupança voluntária e compulsória. Ou seja, o "sacrifício" de poupar é feito; as vantagens que deveriam advir desse "sacrifício" não chegam a existir.

O processamento de informações através do mercado permite identificar melhor, mais rápida e mais diretamente os desejos das massas; quem paga pelo desperdício ou pelo investimento mal feito é o próprio empresário capitalista. No regime intervencionista, são os detentores do poder que se arrogam o direito de determinar quais os desejos das massas; o desperdício, a corrupção, o investimento faraônico e desnecessário são pagos pelo próprio povo.

## II.11 – Gestão empresarial e gestão burocrática

Os indivíduos que compõem uma sociedade, para realizar seus objetivos, podem utilizar os recursos de que dispõem de forma empresarial ou burocrática.

Gestão empresarial ou gestão consequente não é, necessariamente, gestão feita por empresários. Gestão empresarial é aquela em que as satisfações e o desconforto provocados pela gestão são suportados pelo gestor. A decisão de compra de uma camisa ou a escolha do cônjuge são decisões empresariais: os ônus e as vantagens são suportados por quem fez a escolha – pelo gestor.

Para que os gestores sofram as consequências favoráveis ou desfavoráveis de sua gestão é indispensável que os recursos a serem utilizados sejam de sua propriedade. Daí a importância da propriedade privada dos meios de produção. Somos proprietários de nossas vidas e sofremos diretamente as consequências de uma má gestão. Igualmente, os proprietários do capital de uma empresa sofrem as consequências de uma gestão inadequada.

A gestão empresarial mais conhecida e mais analisada é aquela que ocorre no plano estritamente econômico; é a gestão com objetivo de lucro financeiro. Nesse caso, a gestão é feita predominantemente por empresários ou por seus representantes a quem foi delegado o poder de decidir. Mas é um caso particular. Numa visão mais abrangente nós somos todos empresários, pelo menos empresários de nossas próprias vidas.

A gestão empresarial na atividade econômica só é aplicável quando se trata de atender a necessidades e objetivos que tenham, ou possam ter, um preço de mercado. A gestão com objetivo de lucro não se aplica quando lidamos com objetivos que não têm valor de mercado.

Existem inúmeras necessidades e objetivos que não podem ter um preço de mercado porque as vantagens e o ônus de sua realização não podem ser apropriados individualmente. O exemplo clássico é a segurança nacional: em existindo, todos usufruem de suas vantagens, não sendo possível alocar a cada membro da sociedade a sua parcela de ônus, de custo, pela realização desse objetivo. Nesses casos, o único método de gestão possível é a gestão burocrática.

A gestão burocrática ou gestão inconsequente é o método apropriado para administrar o poder público, isto é, o aparato social de compulsão e coerção. Como o governo é necessário, a burocracia– na esfera do governo – também é necessária. Onde o cálculo econômico não é aplicável, os métodos burocráticos são a única alternativa. Por isso, um governo socialista tem que aplicá-los a todos os seus campos de ação.

Nesses casos, em vez de cada indivíduo avaliar a satisfação e o desconforto decorrentes de suas decisões, de suas escolhas, a sociedade, por meio de seus representantes, estabelece uma carga tributária e um orçamento para alocação desses recursos. As despesas são limitadas ao que for determinado no orçamento e a carga tributária é limitada ao que for estabelecido na legislação.

Numa sociedade, quanto mais a gestão empresarial for substituída pela gestão burocrática, menos bem alocados serão os seus recursos e menores serão a competição, a eficiência e a satisfação geral. A má gestão empresarial é logo interrompida pelo inevitável prejuízo a ser suportado pelo próprio empresário; a má gestão burocrática desperdiça recursos às custas dos consumidores e dos contribuintes, sem que seja sequer possível dimensionar a verdadeira extensão desse "prejuízo".

## II.12 – O "grau de servidão"

Existem duas formas de cooperação social: a cooperação em virtude de contratos e vínculos estabelecidos livremente entre as partes e a cooperação hegemônica, estabelecida por meio de comando e subordinação. Essas duas formas de cooperação não existem em estado puro. A cooperação puramente hegemônica é a escravidão; a sociedade livre, de cooperação exclusivamente voluntária, por contrato, é aquela em que não existem restrições de nenhuma natureza ao estabelecimento das relações contratuais, representadas por preços, salários ou juros, e em que prevalece uma absoluta liberdade de entrada no mercado. A trajetória da humanidade do subdesenvolvimento para o desenvolvimento, da pobreza para a tão desejada riqueza, tem sido uma trajetória da escravidão para a liberdade.

É crença geral que a escravidão terminou por razões morais; passa despercebido o fato de que o trabalho livre é mais barato do que o trabalho escravo. O trabalhador livre ganha muito mais do que o trabalhador escravo, mas produz ainda muito mais, sendo o seu custo por unidade produzida menor do que no caso do trabalho escravo. Atualmente não existe mais escravidão no sentido em que normalmente essa palavra é empregada. Entretanto, existe o que se pode denominar de "grau de servidão", representado por tudo aquilo que, contra a sua vontade, os membros da sociedade são obrigados a fazer – ou simplesmente a deixar de fazer– em virtude da expectativa de coerção. O Estado, ao impor restrições ao direito de propriedade e à liberdade de entrada no mercado, aumenta o "grau de servidão", tornando a sociedade mais pobre, ou menos rica, do que poderia ser. Quanto maior for o "grau de servidão", menores serão a produção e o desenvolvimento tecnológico.

Para ilustrar bem esse fenômeno, Milton Friedman propôs que fosse consagrado e festejado, a cada ano, o "Dia da Independência Individual", que representaria o dia em que o cidadão começa a trabalhar para si próprio e a dispor voluntariamente do que produz. Quanto mais próximo do início do ano, menor seria o "grau de servidão". No caso brasileiro, por exemplo, o "Dia da Independência Individual" de um diretor de empresa bem-sucedida, que tenha sua remuneração estabelecida como uma percentagem dos lucros gerados, só ocorrerá no início do mês de outubro. Ou seja, durante mais de nove meses, em cada ano, trabalhará para sustentar a máquina do Estado.

Nas sociedades altamente intervencionistas, em que o aparato de coerção seja ineficiente e corrupto, as pessoas frequentemente recorrem ao contrabando e à informalidade econômica. Essa pode ser uma forma de diminuir o "grau de servidão" ou até mesmo uma maneira de permitir a sobrevivência; mas, certamente, não será desse modo que se há de fazer existir uma sociedade livre, próspera e desenvolvida. Na sociedade livre, não há necessidade de se recorrer ao contrabando e à informalidade.

Alguns países mais desenvolvidos e que ainda adotam ou que voltaram a adotar práticas mercantilistas e intervencionistas costumam ser apontados, por algumas pessoas, como exemplos a serem seguidos. Na França, dizem essas pessoas, os sindicatos têm esse ou aquele poder; na Inglaterra, são inúmeras as indústrias estatizadas (em menor número agora, em virtude do programa de privatização); na Suécia, é enorme a abrangência da previdência social compulsória; nos EUA também existe protecionismo. O que essas pessoas não percebem é que essas nações seriam ainda mais desenvolvidas se não adotassem tais práticas. Por terem herdado um capital acumulado pelas gerações anteriores, podem se dar ao luxo de consumi-lo gradativamente. São como os herdeiros de um avô rico, que podem usufruir alegremente o que lhes foi legado pelos seus antepassados. Mas o Brasil não tem avô rico; se quiser se comportar como se comportam as nações que herdaram uma enorme acumulação de capital, terá de sofrer as inevitáveis consequências desse procedimento leviano.

## II.13 – A importância da economia

Hoje em dia estamos sendo vítimas de um equívoco denominado por F. A. Hayek de "presunção fatal"[32] – de consequências desastrosas, sobretudo no campo da economia. Trata-se da crença de que as instituições sociais foram criadas pelo homem e que, portanto, se os seus resultados não correspondem aos nossos desejos, podemos refazê-las, "reconstruí-las", a nosso bel-prazer. Passa despercebido o fato de que, ao enfraquecermos instituições como a propriedade privada, a honestidade, a família, a liberdade de entrada no mercado, em virtude de seus eventuais inconvenientes, acabamos suprimindo suas inigualáveis vantagens. A taxa de crescimento da população mundial é hoje mais de 30 vezes maior do que há 200 anos, graças a essas instituições. A elas, a maior parte das pessoas que hoje estão vivas devem sua própria existência; abandoná-las ou enfraquecê-las significa condenar à miséria e à morte uma grande parcela da humanidade. Basta considerar que, se a população mundial – que em 1750 era de 800 milhões de pessoas – continuasse desde então a crescer com a mesma taxa que vinha prevalecendo desde a época de Cristo, a humanidade ainda não teria atingido seu primeiro bilhão!

---

[32] No original em inglês *Fatal Conceit* (presunção fatal), este conceito hayekiano muitas vezes é traduzido para o português como "arrogância fatal" ou "erro fatal". Sobre a temática, ver: HAYEK, F. A. *Os Erros Fatais do Socialismo*. Barueri: Faro Editorial. 2017. Ver, também: HAYEK, F. A. *A Pretensão do Conhecimento*. São Paulo: LVM Editora, 2019. (N. E.)

Ou seja, dos cinco bilhões de habitantes existentes em 1988 sobre a face da Terra[33], 80% – quatro bilhões – simplesmente não existiriam.

Da mesma forma que a humanidade percebeu a importância do "não matarás" e do "não roubarás", adotados universalmente, seria necessário que compreendesse também a importância do "não impedirás o próximo de produzir e de trocar o fruto de sua produção". A humanidade será tanto mais rica quanto mais esse preceito for obedecido.

Ludwig von Mises chama a atenção para o fato de que *"existem três restrições à liberdade de o homem escolher e agir. A primeira são as leis físicas, a cujas inexoráveis determinações o homem tem de se submeter se quiser permanecer vivo; a segunda são as características e aptidões congênitas de cada indivíduo e sua inter-relação com o meio ambiente [...]; a terceira são as regularidades das relações de causa e efeito entre os meios utilizados e os fins alcançados, ou seja, as leis praxiológicas [econômicas] que são distintas das leis físicas e fisiológicas"*[34].

---

[33] Estima-se que a população global tenha chegado a 7,73 bilhões, em abril de 2019. De acordo com os dados mais recentes do Banco Mundial, o percentual de pessoal vivendo em pobreza no mundo tem diminuído significativamente ao longo dos últimos anos, refutando assim a falácia malthusiana de que o crescimento populacional aumentaria o número de pobres. Segundo esses dados, a percentagem de miseráveis no mundo era de 11% em 2013, caindo para 10% em 2015 e chegando em 8,6% em 2018. A pobreza prevalece nos países com menor índice de liberdade econômica. (N. E.)

[34] MISES, Ludwig von. *Human Action. Op. cit.*, p. 885.

A percepção dessa terceira categoria de leis do universo obriga que a ação humana seja encarada de outra maneira. Já não basta considerá-la boa ou má, certa ou errada, justa ou injusta. Embora ainda hoje sejam poucos os pensadores que se deem conta disso, no curso dos eventos sociais prevalece uma regularidade de fenômenos aos quais o homem tem de ajustar suas ações se quiser ser bem-sucedido. É inútil abordar os fatos sociais com a ótica de um censor que os aprova ou desaprova. Existem relações de causa e efeito a serem observadas. É preciso que as leis da ação humana e da cooperação social sejam estudadas com a mesma atitude científica com que o físico estuda as leis da natureza. Contrariar as leis da ação humana produz consequências, tanto quanto contrariar a lei da gravidade. Entretanto, se no caso das leis físicas as relações de causa e efeito são bem percebidas, no caso das leis praxiológicas (econômicas) o mesmo não ocorre, por estarem os efeitos geralmente distantes das causas, dificultando sua adequada percepção. Por isso, essa verdadeira revolução, de tremendas consequências para o gênero humano, ainda não foi convenientemente percebida. Se não o for, as consequências serão mais miséria, pobreza, subdesenvolvimento, fome. Na medida em que o seja, diminuirão essas desgraças que hoje provocam o desconforto de grandes contingentes humanos.

## II.14 – A importância das instituições

A performance econômica de uma sociedade depende menos da qualidade de seus atores do que das instituições que formam o assim chamado "meio ambiente institucional" onde atuam os agentes econômicos.

O estudo da importância das instituições na performance econômica das sociedades vem despertando crescente interesse no meio acadêmico. Douglass North (1920-2015), que ganhou o Prêmio Nobel de Economia em 1993 exatamente pela sua contribuição a esse estudo, define instituições como sendo o conjunto compreendido pelas regras formais, pelas limitações informais (normas de comportamento, convenções e códigos de conduta autoimpostos) e pelos mecanismos responsáveis pela eficácia da aplicação dessas normas[35].

Qualquer ordem é melhor do que o caos. Mas algumas regras produzem melhores resultados do que outras. Os resultados a serem alcançados por uma sociedade são fortemente influenciados pela estrutura de incentivos inerentes à matriz institucional vigente. Se em determinada sociedade as instituições fizerem com que os mais bem-sucedidos sejam os que obtenham os favores do rei, do Estado, ou os que praticam a pirataria, os indivíduos e as organizações dedicarão seu melhor esforço para obter privilégios ou para serem melhores piratas. Se, por outro lado, as instituições privilegiarem a ausência de privilégios e a liberdade de entrada no mercado, os mais bem-sucedidos serão os que revelarem maior produtividade, maior criatividade e os que forem

---

[35] NORTH, Douglass. *Custos de Transação, Instituições e Desempenho Econômico*. Rio de Janeiro: Instituto Liberal, 1994. p. 13.

capazes de produzir melhor e mais barato os produtos que os consumidores desejam.

É importante reafirmar que o intervencionismo invariavelmente protege alguns produtores em detrimento do consumidor, enquanto a liberdade de entrada no mercado favorece o consumidor, obrigando o produtor a descobrir a maneira de satisfazê-lo. Em ambos os casos, a definição de ação humana é a mesma: um comportamento propositado; visando aumentar a satisfação ou diminuir o desconforto, usando para isso os meios a seu alcance. Obter o favor do rei ou usar o poder de coerção do Estado são apenas meios que as pessoas usam para atingir seus objetivos. Só aqueles dotados de uma retidão de caráter ou guiados por rígidos princípios morais deixarão de usufruir das vantagens concedidas pelas autoridades, seja ela o rei ou o Estado intervencionista. Mas esses serão certamente poucos e muito provavelmente não ascenderão aos primeiros escalões da sociedade. É preciso que se perceba que, para corrigir essa injustiça, o caminho não é tentar fazer existir uma utópica sociedade formada por homens de caráter sem jaça, mas, ao contrário, permitir que a sociedade se organize livremente, de tal sorte que os sem-caráter, os aproveitadores, os amorais não sejam, naturalmente, os mais bem-sucedidos.

Já na primeira metade do século XVIII, David Hume observava que as três condições essenciais para uma nação florescer são:

1ª) O respeito ao direito de propriedade;
2ª) A transferência por consentimento;
3ª) O cumprimento dos compromissos assumidos.

E observava ainda: a principal virtude de uma sociedade politicamente organizada consiste no estabelecimento de leis que imponham restrições ao comportamento de seus membros – as quais eles não estariam dispostos a aceitar voluntariamente[36].

De lá para cá, não há nada a acrescentar. Podemos apenas dizer a mesma coisa de outra forma: as sociedades que conseguirem se organizar com base na escolha democrática de seus dirigentes – no plano político, na economia de mercado, no plano econômico e na máxima descentralização de poder, no plano administrativo –, e que tenham bem definido e respeitado o direito de propriedade terão estabelecido o arcabouço institucional mais adequado, mais eficiente e mais capaz de aumentar a satisfação de seus membros.

---

[36] HUME, David. *Moral and Political Philosophy*. New York: Hafner Publishing Company, 1948. p. 69-90. [Em língua portuguesa a obra foi lançada como: HUME, David. *Ensaios Morais, Políticos e Literários*. Rio de Janeiro: Topbooks, 2004. (N. E.)].

# CAPÍTULO III

# O QUE É O LIBERALISMO

O liberalismo é uma doutrina política. Como uma doutrina política, o liberalismo não é neutro em relação aos fins que o homem pretende alcançar; pressupõe que a imensa maioria das pessoas prefere a abundância à pobreza. Procura mostrar qual o melhor meio de atingir esse objetivo.

O liberalismo, portanto, é uma doutrina voltada para a melhoria das condições materiais do gênero humano. Seu propósito é reduzir a pobreza e a miséria, e o meio que propõe para que esse objetivo seja atingido é a liberdade. O pensamento econômico e a experiência histórica não conseguiram, até hoje, sugerir um outro sistema social que seja tão benéfico para as massas quanto o liberalismo.

> Não é pelo desdém aos bens espirituais que o liberalismo se concentra, exclusivamente, no bem-estar material do homem, mas pela convicção de que o que é mais alto e profundo no homem não pode ser tocado por qualquer tipo de regulação externa. O liberalismo busca produzir apenas o bem-estar

exterior, porque sabe que as riquezas interiores, espirituais, não podem atingir o homem de fora, mas somente de dentro, de seu próprio coração. O liberalismo não visa criar qualquer outra coisa a não ser as pré-condições externas para o desenvolvimento da vida interior[37].

## III.1 – Os pilares do liberalismo

Liberalismo é antes de tudo liberdade. Liberdade entendida como ausência de coerção de indivíduos sobre indivíduos. É a adesão ao princípio de que a ninguém é permitido recorrer à força ou à fraude para obrigar ou induzir alguém a fazer o que não deseja.

A escolha da liberdade como valor supremo não decorre de razões de natureza metafísica ou religiosa; decorre do fato de que um sistema baseado na liberdade assegura maior produtividade de trabalho humano, sendo, portanto, do interesse de todos os habitantes do mundo.

Um sistema baseado na liberdade pressupõe, necessariamente, que não haja restrições à propriedade privada dos meios de produção e que haja plena liberdade de entrada no mercado. Sendo assim, prevalecerão sempre aqueles que forem capazes de produzir algo melhor e mais barato e, consequentemente, capazes de melhor atender o consumidor. A liberdade de entrada não exclui a possibilidade de propriedade estatal dos meios de produção; apenas obriga que haja

---

[37] MISES, Ludwig von. *Liberalismo. Op. cit.*, p. 6.

competição. A empresa estatal poderá subsistir desde que, sem privilégios, atenda melhor às necessidades do consumidor. A verdadeira razão de não se recomendar a existência desse tipo de empresa, sobretudo nas atividades econômicas de maior peso e maior importância, reside na impossibilidade de impedir que o Estado, detentor do monopólio de coerção, se autoconceda privilégios.

A defesa da propriedade privada dos meios de produção também não é motivada por razões de natureza metafísica ou mística; decorre do fato de conduzir a maior produtividade e, portanto, a maior criação de riqueza.

A liberdade pressupõe a existência de paz. O liberalismo condena a guerra não só pela carga de sofrimento e morte que acarreta, mas também por diminuir a possibilidade de cooperação social e de divisão do trabalho. A cooperação social, que só pode florescer num ambiente de paz, é o traço característico do gênero humano.

A liberdade, a propriedade e a paz são, por assim dizer, os pilares sobre os quais se assenta a doutrina liberal.

A esses valores acrescenta-se a tolerância, que é também um dos traços característicos do liberalismo. Quando começaram a prevalecer as ideias liberais, desapareceram procedimentos como perseguições religiosas, condenação de heréticos à morte, guerras religiosas. São coisas que hoje pertencem ao passado e à história da Civilização Ocidental.

O liberalismo exige tolerância como questão de princípio, não por oportunismo. Exige tolerância mesmo para com ensinamentos obviamente absurdos, formas absurdas de heterodoxia e superstições tolas e pueris. Exige tolerância para com doutrinas e opiniões que considera perniciosas e ruinosas para a sociedade e, mesmo, para com movimentos que infatigavelmente combate, porque o que impele o liberalismo a exigir e a conceder tolerância não é a consideração ao conteúdo da doutrina que se quer tolerada, mas a consciência de que apenas a tolerância pode criar e preservar as condições para a paz social, sem a qual a humanidade, necessariamente, resvalará para o barbarismo e a penúria de há muitos séculos passados[38].

## III.2 – Liberdade econômica

Liberalismo é liberdade econômica, é liberdade de iniciativa, entendidas como o direito de entrada no mercado para produzir os bens e os serviços que os consumidores, os usuários, desejam. É a liberdade de contrato representada pelo estabelecimento de preços, salários e juros sem restrições de qualquer natureza. É a aventura e o risco de alguém só ser bem-sucedido se produzir algo melhor e mais barato.

Uma sociedade organizada segundo os preceitos do liberalismo pressupõe a livre contratação entre as partes de quaisquer transações de interesse recíproco; ninguém pode ser obrigado, por coerção ou fraude, a comprar, a vender ou a realizar qualquer contrato.

---

[38] Idem. *Ibidem.*, p. 57.

A liberdade de entrada no mercado pressupõe que não sejam concedidos a pessoas ou grupos privilégios de qualquer natureza, sejam eles representados por subsídios, reserva de mercado, protecionismo aduaneiro, monopólio, concessões cartoriais ou quaisquer outros que possam vir a ser estabelecidos pelo Estado.

A organização sindical deve ser livre, podendo trabalhadores e empresários constituírem sindicatos como melhor lhes aprouver. Um seguro-desemprego não compulsório poderia ser administrado pelos próprios sindicatos que, assim, sentiriam diretamente as consequências do inevitável desemprego provocado pelas elevações salariais de sua categoria acima dos valores estabelecidos pelo mercado.

A parafernália de encargos sociais, que no Brasil chega a atingir 100% do salário efetivamente pago ao trabalhador e que muitos, ingenuamente, consideram como "conquistas sociais", representa na realidade um desconto sobre o salário que o trabalhador poderia receber. Do ponto de vista puramente econômico, os encargos sociais são apenas uma poupança compulsória que o trabalhador é obrigado a fazer; deixa de receber como salário no momento em que trabalha para receber mais tarde sob a forma de um benefício qualquer. Obrigar um trabalhador, que sofre dificuldades em nível de subsistência, a poupar compulsoriamente uma quantia equivalente ao salário efetivamente recebido é, no mínimo, uma perversidade, e só por ignorância pode ser considerado um "benefício".

Esse mal poderia ser corrigido se pelo menos fosse dada ao empregado a opção de renunciar, total ou parcialmente, aos alegados benefícios sociais e, como contrapartida, receber imediatamente, junto com seu salário, o valor correspondente a esses encargos sociais. Certamente o trabalhador poderia dar a essa quantia uma utilização muito mais vantajosa, do ponto de vista de suas necessidades, do que aquela que lhe é dada pelo governo como gestor dos fundos de poupança compulsória.

Se houvesse, portanto, liberdade de contrato e se, por exemplo, a previdência social não fosse compulsória, cada um poderia escolher, entre as diversas alternativas possíveis, a idade, a forma e o valor de sua aposentadoria e, consequentemente, sua correspondente contribuição previdenciária.

Existem intervenções econômicas aparentemente bem-sucedidas, como a frequentemente citada ajuda do governo norte-americano à Chrysler. Seu alegado êxito é apresentado como justificativa a intervenções do Estado feitas com o propósito de "salvar" empresas com fraco desempenho econômico. No Brasil, esse procedimento tem sido muito adotado, não significando mais do que, quando eventualmente dá certo, o favorecimento de algum grupo, e quando, na grande maioria dos casos, dá errado, um grande desperdício de recursos. Em ambos os casos tais medidas são adotadas em detrimento dos assalariados e dos mais necessitados, já que os recursos utilizados são invariavelmente obtidos pela via da inflação.

## III.3 – Liberdade política

Liberalismo é liberdade política; o que caracteriza a liberdade política, além da liberdade de expressão, de locomoção, de crença, de reunião, é a consciência de que deve haver liberdade para escolher as pessoas que irão exercer as funções de governo e que, portanto, irão deter o comando do aparato de coerção e compulsão. Para haver liberdade de escolha, é indispensável que haja eleições periódicas e que os indivíduos possam se organizar em torno de ideias e princípios que considerem mais adequados para a sociedade; que possam formar partidos políticos de qualquer natureza. Essa liberdade de escolha precisa estar protegida por salvaguardas, de forma a impedir que um partido político eventualmente no poder possa usar o aparato de coerção para suprimi-la. Uma eventual maioria política não pode ter o direito de suprimir eleições ou de impedir a formação e a atuação de partidos políticos.

O liberalismo não pode ser imposto à força ou pela proibição de partidos políticos; tem que se impor pela persuasão e pelo argumento, pela explicação de suas vantagens para a sociedade como um todo e para cada um em particular. As tentativas de impor a liberdade econômica sem a correspondente liberdade política são uma contradição. Mesmo um eventual e episódico sucesso econômico não pode servir como justificativa para supressão da liberdade política. Se houver liberdade política, podemos lutar pela liberdade econômica; se não houver, temos que nos conformar com as determinações do caudilho, general ou ditador a que estivermos submetidos.

Portanto, o traço característico da liberdade política é a realização periódica de eleições livres e a ausência de restrições, de natureza política ou econômica, à formação de partidos políticos. A grande vantagem e importância desse tipo de regime – o regime democrático – consiste em possibilitar a transferência de poder, não só de um governante para outro, como também, e sobretudo, de uma corrente de opinião para outra, sem que seja necessário recorrer à violência, à guerra e ao conflito armado.

Convém fazer menção ao caso do Chile, onde, segundo nos informaram, a intervenção militar autoritária, tendo permitido um razoável grau de liberdade econômica, obteve bons resultados, tendo sido até mesmo possível prever uma vitória potencial do general Augusto Pinochet (1915-2006) nas eleições que foram realizadas em 1989. Tal fato estaria a indicar a eficácia de uma intervenção autoritária a fim de liberar a economia e depois democratizar o país.

A nosso ver, mesmo esse sucesso no caso chileno, não recomenda a intervenção. Representa um estímulo a que se recorra à violência para impor ideias que um líder militar (poderia ser um populista) julgar mais convenientes para a sua comunidade. Todas as intervenções autoritárias na América Latina foram feitas com essa presunção. Para cada uma que eventualmente "der certo", existirão dezenas que produzirão consequências indesejáveis. A intervenção só se justifica para garantir ou obrigar a realização de eleições.

O liberalismo terá que ser adotado recorrendo-se à razão e ao convencimento das elites intelectuais e, por meio dessas, ao convencimento da maioria das pessoas. É um caminho mais difícil, mas é o único que poderá conduzir a resultados duradouros e não apenas a resultados provisórios ou eventuais.

## III.4 – Princípios gerais

A cooperação social, e consequentemente seus benefícios, serão tanto maiores quanto mais cuidadosamente forem respeitados certos princípios gerais implícitos na ideia de liberdade:

> *Igualdade perante a lei* – significa que a lei será a mesma para todos e aplicada da mesma forma, independentemente de convicções religiosas ou partidárias, de raça ou da situação econômica de cada um.
>
> *Ausência de privilégios* – a ninguém ou a nenhum grupo poderão ser concedidas vantagens, isenções, direitos, privilégios, enfim, que não possam igualmente ser estendidos a todos os demais cidadãos.
>
> *Respeito aos direitos individuais* – entendido como a garantia e a proteção do que o homem tem e não lhe pode ser tirado: o direito à vida, à liberdade, à propriedade e à saúde. Propriedade, é claro, entendida como aquela que tenha sido legitimamente adquirida; caso contrário, deverá estar sujeita às determinações da lei. Saúde entendida, naturalmente, como aquela que o indivíduo tem e não a que desejaria ter.
>
> *Responsabilidade individual* – que o indivíduo arque com as consequências de seus atos, não sendo admissível transferi-las compulsoriamente à comunidade.

*Respeito às minorias* – que não sejam estabelecidas imposições de natureza econômica ou política a uma pessoa ou a um grupo de pessoas em função de alguma de suas características étnicas, religiosas, políticas ou econômicas. O ser humano é a menor das minorias.

*Liberdade de entrada no mercado* – que ninguém seja impedido de produzir e de usufruir o fruto de sua produção.

## III.5 – O papel do Estado

O liberalismo reconhece a inviabilidade da liberdade total, anárquica, e acata o conceito de liberdade compatível com a convivência social baseada no intercâmbio espontâneo dos indivíduos. Reconhece, assim, a imperiosa necessidade de uma ordem geral, estruturada em normas abstratas de conduta, legitimamente geradas pelos cidadãos e eficazmente aplicadas pelas instituições administradoras da justiça.

O liberalismo pressupõe, portanto, a existência de um Estado organizado, que detenha o monopólio da coerção, e de um governo encarregado de administrar o aparato estatal de compulsão e coerção.

O papel essencial do governo é o de usar o aparato de coerção e compulsão para impedir – e eventualmente punir – um cidadão que queira usar de violência ou fraude para atingir seus objetivos; é o de proteger e preservar a vida, a liberdade, a propriedade e a saúde dos indivíduos; é, por assim dizer, o de manter o ambiente institucional e o respeito às regras de modo que possam florescer os talentos e as capacidades individuais. Em resumo: é o de prover a ordem e a justiça.

O principal objetivo de um Estado liberal deve ser o de manter um clima de paz e tranquilidade nas suas fronteiras, possibilitando assim a maior cooperação pacífica entre os concidadãos. Nas suas relações com outros países, o objetivo é o mesmo: paz e cooperação pacífica. O ideal supremo do liberalismo é o de que possa haver cooperação entre toda a humanidade, pacificamente e sem restrições de qualquer natureza. O pensamento liberal abrange sempre a humanidade como um todo; não se detém nas fronteiras de uma cidade, de uma província, de um país ou de um continente. Liberalismo, nesse sentido, é humanismo. Sua visão é ecumênica e cosmopolita.

O Estado liberal deve respeitar o direito de autodeterminação dos povos, mesmo que isso implique em ter como vizinho um Estado não liberal, autoritário ou comunista. Deve também, é claro, estar preparado para se defender e impedir a agressão de seus vizinhos.

*Nota*: Uma grande potência, como é o caso dos EUA, se tivesse um governo verdadeiramente liberal, não poderia se autoatribuir o papel de "polícia do mundo" nem procuraria implantar em qualquer outro país regimes que considerasse mais corretos ou mais adequados. O máximo que deveria fazer num caso como o da Nicarágua, por exemplo, seria não se meter nos assuntos internos desse país, advertindo-o, entretanto, que não poderia tolerar ou permanecer impassível caso o mesmo viesse a ser usado como base para uma agressão aos EUA. Os meios tecnológicos atuais são suficientes para que se saiba, com precisão, quando isso ocorre. *"Ninguém tem o direito de imiscuir-se nos negócios dos outros para promover seus próprios interesses e ninguém deveria, quando tem em vista seu próprio interesse, fingir que está atuando desprendidamente no único interesse dos outros"*[39].

## III.6 – A divisão de poderes

Já é clássica e bem aceita a divisão do aparato estatal em três poderes: executivo, legislativo e judiciário, que devem ser obrigatoriamente independentes entre si.

Ocorre, entretanto, que mesmo nas democracias mais desenvolvidas, e mais ainda nas democracias subdesenvolvidas, não existe uma verdadeira separação entre executivo e legislativo. Se, nas primeiras, as consequências desse fato não são tão graves – sobretudo em virtude da forma como é "produzido" e aplicado o direito e em virtude da capacidade que tem o judiciário de legislar através da jurisprudência –, nas menos desenvolvidas as consequências são bem piores.

O fato de os membros do legislativo serem oriundos, obrigatoriamente, de organizações político-partidárias que disputam e eventualmente ocupam o poder tira-lhes o indispensável distanciamento necessário a quem elabora as regras as quais deve estar submetida a sociedade, inclusive as regras de acesso ao poder.

---

[39] Idem. *Ibidem.*, p. 126.

Assim sendo, o que se vê, frequentemente, são os legisladores formarem os blocos da Maioria e da Minoria, votando a Maioria a favor e a Minoria contra o governo. Tornam-se inevitáveis os casuísmos, impostos pelos representantes que compõem a Maioria, qualquer que seja o partido que esteja ocupando o poder. Tais casuísmos são ainda mais evidentes quando se trata do estabelecimento de regras eleitorais ou de vantagens financeiras dos congressistas, uma vez que afetam diretamente seus interesses mais imediatos.

Para que houvesse uma verdadeira separação de poderes, seria fundamental que os legisladores não tivessem qualquer vinculação político-partidária. Só assim se poderia assegurar que as regras a serem respeitadas pela sociedade, as chamadas leis, fossem enunciadas com a indispensável tecnicidade e com o necessário distanciamento em relação à sua aplicação aos casos futuros.

Na sua trilogia *Direito, Legislação e Liberdade*, F. A. Hayek propõe o que denomina de demarquia (*demo* + *archos* – governo do povo), designação que lhe parece melhor que democracia (*demo* + *cratos* – poder do povo). Na sua proposta, Hayek sugere que o Congresso bicameral tal como existe hoje faça parte do executivo, por se tratar de um foro de debate e crítica ao governo, além de ser o palco da disputa de poder. Uma Assembleia Legislativa propriamente dita teria o encargo supremo de elaborar as regras a partir de proposições de seus próprios membros, dos representantes do executivo, do judiciário ou dos partidos políticos. Teria o encargo de "produzir" o direito. Seus membros deveriam ser eleitos anualmente para um mandato longo (15 anos), não renovável, e não poderiam ter qualquer vinculação político-partidária. Essas eleições deveriam ser anuais, de forma a renovar a cada ano 1/15 da Assembleia Legislativa[40].

O essencial é que se compreenda a inviabilidade de um sistema onde as regras são elaboradas por representantes de partidos políticos que disputam o poder, uma vez que, provavelmente – e a história o confirma –, esses legisladores serão fortemente influenciados por seus interesses eleitorais, verdadeira razão de ser de sua atividade como membros de um partido político. Separando-se os legisladores dos grupos que disputam o poder, torna-se viável a implantação do genuíno Estado de direito ao qual todos, inclusive o governo, têm que se submeter. É o governo limitado pela lei.

Quanto à forma de governo, se presidencialista ou parlamentarista, o liberalismo, a rigor, não tem nada a dizer. Haverá países e épocas em que um sistema se revelará mais vantajoso do que o outro. O essencial é que existam regras claras e estáveis para transferência de poder e até mesmo critérios ou condições que justifiquem uma mudança do sistema de governo, quando necessário.

Essa mesma separação de poderes deveria estar presente não só no nível federal como também nos níveis estadual e municipal. Como regra geral, deveria

---

[40] HAYEK, F. A. *Direito, Legislação e Liberdade. Op. cit.*, Vol. 3, p. 42-44.

prevalecer a máxima descentralização, de tal forma que os estados não assumissem tarefas que pudessem ser realizadas pelos municípios e nem a União as que pudessem ser realizadas pelos estados.

## III.7 – A garantia do mínimo

À Assembleia Legislativa caberia estabelecer as condições mínimas de educação e saúde e as demais necessidades a serem proporcionadas a todos os cidadãos, bem como a origem dos respectivos recursos. Essas condições mínimas deveriam ser propiciadas aos cidadãos por meio de tíquetes representando um período escolar ou um período de atendimento de saúde, deixando ao indivíduo a possibilidade de escolha da escola ou do seguro-saúde de sua preferência. Idêntico procedimento deveria ser adotado para qualquer outra condição mínima que se considere indispensável estender a todos os cidadãos pelo simples fato de pertencerem à mesma comunidade.

O essencial é que a concessão desses benefícios seja feita diretamente aos indivíduos, que escolherão, no mercado, quem melhor lhes pode fornecer o produto ou o serviço em questão. A tentativa do governo de produzir e/ou distribuir diretamente o produto ou o serviço a ser concedido aos mais carentes acaba fazendo com que sejam gastos em tarefas intermediárias e administrativas até 80% do total dos recursos, segundo admite o próprio Plano de Ação Governamental (PAG). Quando o Estado resolve construir e operar uma rede de escolas ou de hospitais, invariavelmente o custo por leito ou por aluno é superior (e a qualidade, inferior) ao do mesmo serviço prestado por organizações privadas.

Ao determinar essas condições mínimas, a Assembleia Legislativa deve igualmente indicar a fonte de recursos, ou seja, qual o imposto ou o aumento de imposto cuja arrecadação proverá o governo com os recursos necessários à implementação desses benefícios. A manifestação em favor de benefícios sem a correspondente indicação dos recursos necessários à sua implementação, como costuma ocorrer em nosso país, representa apenas o que foi adequadamente denominado de "sensibilidade inconsequente".

## III.8 – Os impostos

Os recursos necessários para fazer face às despesas do aparato estatal, compreendendo Forças Armadas, Diplomacia, aparelho arrecadador, Congresso Nacional, Assembleia Legislativa, polícia, tribunais etc., bem como os recursos necessários para garantir a cada cidadão o mínimo estabelecido, devem ser obtidos por meio de impostos. Os gastos do governo devem estar rigorosamente contidos nos limites de sua arrecadação.

Os impostos devem ser fixados pela Assembleia Legislativa – não pode haver taxação sem representação. Devem representar uma parcela do Produto Interno Bruto e ser estabelecidos de forma clara, simples, amplamente conhecida e com o cuidado de dificultar a sonegação e de evitar a bitributação. Os impostos deveriam incidir preferencialmente sobre o consumo e não sobre o investimento; sobre a renda consumida e não sobre a renda poupada.

A fixação dos impostos de forma clara – uma taxa única sobre o valor adicionado na produção, sobre o consumo ou sobre a renda (*flat tax*) – permite ao contribuinte dimensionar mais facilmente o ônus representado por um eventual aumento que esteja sendo cogitado pelo governo, avaliar a relação custo/benefício entre o valor a ser pago e a utilização a ser dada aos recursos e, consequentemente, manifestar sua aprovação ou desaprovação.

Por outro lado, a descentralização na fixação de impostos, dentro de critérios estabelecidos pela Assembleia Legislativa, permitiria que os tributos numa região fossem mais elevados do que em outra. É sabido, por exemplo, que o imposto de consumo na cidade de Nova Iorque é bem maior do que em outras regiões dos EUA; dessa forma, o próprio nível de impostos de cada região influencia os fluxos migratórios internos e contribui para diminuir desequilíbrios regionais.

Apesar da invariável retórica terceiro-mundista de defender a taxação dos mais ricos em benefício dos mais pobres, a realidade é bem diferente. Num caso como o brasileiro, a inflação é a maior fonte de recursos do governo. A inflação – a maior fonte de recursos do governo, convém repetir – é um imposto insidioso e perverso que recai sobre os assalariados e sobre os mais carentes. Os mais ricos se defendem da inflação e os mais pobres são os que "pagam a conta". Enquanto o Estado tiver o poder de recorrer à inflação, será muito difícil evitá-la.

## III.9 – As tarifas aduaneiras

O livre comércio internacional visa aumentar a competição e a cooperação social, de forma a diminuir os preços em benefício do consumidor. Contra o estabelecimento de uma política de livre comércio e de eliminação de tarifas aduaneiras levantam-se geralmente duas objeções que precisam ser examinadas em mais detalhes.

A primeira objeção diz respeito à possibilidade de *dumping*, isto é, ao caso em que um produtor estrangeiro ofereça seus produtos, durante algum tempo, por preços muito baratos, com o objetivo de "quebrar" seus concorrentes, eliminar a competição, a fim de poder, num segundo período, cobrar preços maiores e, desse modo, obter grandes lucros que compensem as perdas incorridas no primeiro período. O consumidor que teria se beneficiado dos preços baixos iniciais acabaria tendo de pagar preços mais elevados, de tal forma que, no cômputo geral, sairia prejudicado.

Convém notar que essa possibilidade só existe se o produtor em questão puder estabelecer, nesse segundo período, um monopólio mundial de um produto que seja insubstituível. Se não for assim, os consumidores passarão a comprar de um outro produtor internacional ou um outro produto que sirva como substituto.

Acresce ainda o fato de que a extensão desse segundo período precisa ser suficientemente grande a fim de permitir que os ganhos, nessa fase, compensem significativamente os prejuízos incorridos na fase anterior. Tão logo se inicie a fase de preços elevados e, portanto, bastante lucrativos, outros produtores ou mais provavelmente ainda os antigos produtores se sentirão estimulados a competir para obter uma parcela desses lucros. A extensão desse segundo período será, portanto, função do tempo necessário ao restabelecimento do processo de competição.

Todo esse conjunto de circunstâncias torna extremamente difícil e arriscada uma tentativa que possa ser efetivamente qualificada como *dumping*. No mais das vezes, são os produtores locais que invocam o perigo de *dumping*, a fim de justificar a proteção às suas atividades, evitando assim a competição com produtos melhores e mais baratos.

A segunda objeção diz respeito ao caso dos produtores que recebem incentivos à exportação, o que lhes permite exportar seus produtos por preços inferiores aos do mercado internacional. Tal circunstância parece indicar a necessidade de que sejam estabelecidas, pelo país importador, tarifas especiais a fim de impedir essa competição "desleal". Esse é o procedimento adotado, por exemplo, pelo governo dos EUA, que estabelece *countervailing duties* sobre alguns produtos importados, com o objetivo de contrabalançar os incentivos que os exportadores recebem de seus respectivos governos.

Na realidade, tal situação configura uma tentativa de compensar um erro com outro. São prejudicados os consumidores de ambos os países. De um lado, o incentivo à exportação prejudica o habitante do país exportador porque recursos obtidos por meio de impostos são usados para baratear o custo das exportações que serão oferecidas no mercado internacional. De outro lado, a tarifa compensatória impede que o consumidor do país importador se beneficie do menor preço decorrente da "generosidade" do governo do país exportador.

Invariavelmente essas medidas beneficiam os produtores em detrimento dos consumidores. Havendo liberdade cambial, não há necessidade de incentivos à exportação. Tampouco há necessidade de proteger o produtor local da competição com produtores estrangeiros que recebam incentivos à exportação. *Lato sensu* um país só pode importar o equivalente ao que exporta; *"as importações são pagas com as exportações"*[41]. Se algumas importações obrigarem algum produtor a fechar seu negócio e demitir seus empregados, outras exportações acarretarão a criação de novas empresas e de novos empregos.

Não se deve permitir que as vicissitudes de algum produtor local, ameaçado pelos incentivos que recebe seu concorrente estrangeiro, possam servir de justificativa para impedir que o consumidor receba um produto mais barato. Para cada produtor prejudicado, haverá um outro beneficiado; para cada emprego perdido, haverá um novo criado, de modo a prevalecer, sempre, a maior vantagem comparativa, em benefício do consumidor.

---

[41] MISES, Ludwig von. *The Theory of Money and Credit*. Op. cit., p. 282-86.

Portanto, as tarifas aduaneiras, a rigor, não deveriam existir. Todo produto doméstico já goza de uma "proteção tarifária" representada pelo custo de transporte. Também não é preciso temer a competição de produtos estrangeiros que recebam incentivos de seus governos; se o governo de um país estrangeiro quiser nos dar uma parte de sua produção estará nos enriquecendo às custas de seus cidadãos.

A tributação sobre os produtos exportados deveria ser a mesma vigente no mercado interno. O equilíbrio do balanço de pagamento é automaticamente determinado pela taxa de câmbio livremente estabelecida no mercado. Com câmbio livre não há possibilidade de haver déficit no balanço de pagamento[42].

Num período de transição justifica-se a fixação de uma tarifa aduaneira, decrescente no tempo, de forma que ao fim de três ou quatro anos ela possa deixar de existir. Pode-se também admitir, mais por razões psicológicas do que por razões econômicas, uma tarifa permanente de 10% a 20% para investimentos de maior período de maturação ou uma tarifa temporária um pouco maior para o caso de uma indústria nascente cuja importância estratégica seja considerada relevante. De qualquer forma, uma política tarifária, se houver, deve ser estabelecida levando-se em conta o interesse dos consumidores e não o dos produtores.

---

[42] MISES, Ludwig von. *Human Action. Op. cit.*, p. 800-03.

## III.10 – Autoridade monetária

A causa da inflação é o aumento da oferta da moeda.

Quando o público em geral resolve reduzir seus encaixes, isto é, diminuir a quantidade de moeda que habitualmente retém em seu poder, aumenta a oferta de moeda, provocando uma inflação, que é percebida por um aumento generalizado dos preços.

Quando vigorava o padrão-ouro, um aumento da quantidade de ouro a ser usada como meio de pagamento, também representava um aumento da oferta de moeda, provocando, consequentemente, uma inflação.

A inflação, nesses dois casos, é bastante limitada: no primeiro, depende essencialmente de mudanças de hábito ou de comportamento e, no segundo, de uma expansão significativa da produção aurífera. A inflação assim provocada é insignificante quando comparada com a que ocorre em virtude da expansão dos meios de pagamento, determinada pela autoridade monetária, com o objetivo de cobrir gastos do governo.

A existência desse tipo de inflação é inaceitável. Por isso o Estado deveria ser impedido *ad libitum* de emitir moeda. Neste particular os liberais se dividem em duas correntes: os que acham que deve haver um Banco Central independente e autônomo, que limite a expansão dos meios de pagamento ao correspondente aumento da disponibilidade de bens, mantendo, portanto, os preços estáveis (monetaristas, Friedman); e os que simplesmente acham que não deve haver Banco Central (austríacos, Hayek).

Hayek propõe em seu livro *Desestatização do Dinheiro*[43] que seja permitida a existência de moedas privadas e a competição entre elas. Embora tal proposição não tenha sido ainda colocada em prática (salvo num período de cerca de 50 anos na Escócia, com sucesso[44]), acreditamos que sua implantação fosse bastante benéfica, sobretudo nos países do Terceiro Mundo, que têm sido as grandes vítimas da inflação provocada por seus respectivos governos.

Neste particular, permito-me fazer uma especulação. Os preços não devem ser estáveis; devem flutuar livremente. Se não houvesse nenhuma expansão dos meios de pagamento (o que é muito difícil mesmo no padrão-ouro), o constante aumento da produtividade faria com que os preços, de uma maneira geral, estivessem sempre diminuindo. Tal situação não acarretaria, a meu ver, uma depressão.

Efetivamente, convém notar que no caso da Grande Depressão de 1929 o índice de preços se manteve estável durante toda a década de 1920, em virtude de o governo norte-americano ter expandido os meios de pagamento. Não fora isso e os preços teriam diminuído devido ao enorme aumento de produtividade que caracterizou essa época. O medo da diminuição de preços levou o governo norte-americano não só a expandir os meios

---

[43] HAYEK, F. A. *Desestatização do Dinheiro. Op. cit.*

[44] WHITE, Lawrence H. *Free Banking in Britain: Theory, Experience, and Debate, 1800-1845.* Cambridge: Cambridge University Press, 1984

de pagamento como até mesmo a queimar plantações de cereais antes da colheita, para evitar que houvesse excesso de oferta. Preços estáveis diante de uma produtividade crescente – portanto preços cada vez mais lucrativos – estimularam a realização de investimentos para os quais não havia uma demanda real. Quando, em 1929, cessou a expansão dos meios de pagamento, a inviabilidade desses investimentos tornou-se evidente; seu fracasso provocou a depressão e o desemprego. A depressão é a forma pela qual a economia se ajusta, eliminando os maus investimentos que foram induzidos pela expansão dos meios de pagamento[45].

A prática de queimar colheitas teve seu eco no Brasil. Na década de 1930, Getúlio Vargas mandou queimar estoques de café a fim de evitar a diminuição de seu preço. A consequência econômica do prolongado período de preços altos, e, portanto, bastante lucrativos, foi a de estimular outras nações da América e da África a produzirem café – o que de outra forma provavelmente não teria ocorrido, já que o café é uma cultura que precisa de três a quatro anos para a primeira colheita. Resultou daí uma superprodução cafeeira e mais tarde uma política de erradicação de cafezais, ou seja, o Instituto Brasileiro do Café (IBC) indenizou os agricultores para que destruíssem seus cafezais.

---

[45] ROTHBARD, Murray N. *America's Great Depression*. Kansas City: Sheed and Ward, 1975. [Em língua portuguesa a obra está disponível como: ROTHBARD, Murray, N. *A Grande Depressão Americana*. São Paulo: Instituto Ludwig von Mises Brasil, 2012. (N. E.)].

Se essa interpretação – a de que sem expansão dos meios de pagamento os preços deveriam diminuir face ao aumento de produtividade – estiver correta, o simples fato de existir um Banco Central com o poder de emitir moeda de forma a manter os preços estáveis (o que o público em geral identifica como uma situação de inflação zero) representa, na realidade, um imposto inflacionário estabelecido sobre toda a população. Não houvesse a emissão, mesmo que limitada ao correspondente aumento de produção, e os preços deveriam estar diminuindo em virtude do aumento de produtividade, da redução de custos e da existência de competição. Havendo emissão, todo ganho obtido com o aumento de produtividade está sendo apropriado pelo Estado, via expansão (ainda que moderada) dos meios de pagamento.

Tal apropriação só seria admissível se a ela correspondesse uma redução dos impostos, ou seja, se os recursos decorrentes da expansão estivessem previstos no orçamento da União e fossem considerados como uma parte da arrecadação necessária para fazer face às despesas normais do governo, e não como uma fonte adicional de recursos a serem usados para cobrir o costumeiro déficit público.

De qualquer forma, se a emissão de papel-moeda e de títulos da dívida pública ficar subordinada à aprovação de uma Assembleia Legislativa ou de um Banco Central verdadeiramente independente como já mencionado, os riscos de inflação estarão certamente minimizados.

## III.11 – Declaração de princípios

A Declaração de Princípios abaixo foi proposta no I Encontro de Institutos Liberais realizado no Rio de Janeiro em junho de 1988.

Embora tenha sido, em parte, extraída do texto deste capítulo, julgamos conveniente acrescentá-la ao livro por representar, a nosso juízo, uma razoável condensação dos princípios essenciais da doutrina liberal.

### *Declaração de Princípios*

Os Institutos Liberais do Brasil foram criados com o propósito de explicar e divulgar as vantagens da sociedade organizada segundo os princípios do liberalismo.

O liberalismo é uma doutrina voltada para a melhoria das condições materiais do gênero humano. A erradicação da pobreza e da miséria será mais rápida e mais amplamente alcançada através da livre interação dos indivíduos; através da liberdade.

**Liberdade** – entendida como ausência de coerção de indivíduos sobre indivíduos, isto é: que a ninguém seja permitido recorrer à força ou à fraude para obrigar ou induzir alguém a fazer o que não deseja.

A escolha da liberdade como valor supremo não decorre de razões de natureza mística ou metafísica; decorre do fato de que um sistema baseado na liberdade propicia maior desenvolvimento das potencialidades individuais e maior produtividade do trabalho humano, sendo, portanto, do interesse de todos os habitantes do mundo. O pensamento econômico e a experiência histórica não conseguiram, até hoje, sugerir um outro sistema social que seja tão benéfico para as massas quanto o liberalismo. Um sistema baseado na liberdade pressupõe, necessariamente, uma ampla garantia ao direito de propriedade.

**Propriedade** – entendida como o direito de o indivíduo dispor livremente de seus bens materiais, de sua capacidade de trabalho, de seu corpo e de sua mente.

O liberalismo pressupõe a existência de paz, para que a cooperação social e a divisão do trabalho possam florescer plenamente; para que a competição possa ser a mais ampla possível. Se a competição for limitada às fronteiras nacionais, seus efeitos serão benéficos; se for ampliada para que prevaleça entre um grupo de países, seus efeitos serão melhores ainda; se for estendida a todo o planeta, seus efeitos serão o máximo que o homem pode almejar nas condições vigentes de conhecimento tecnológico e de disponibilidade de capital.

O liberalismo reconhece a inviabilidade da liberdade total, anárquica, e acata o conceito de liberdade compatível com a convivência social baseada no intercâmbio espontâneo entre os indivíduos. Reconhece, assim, para que a liberdade possa produzir seus efeitos, a imperiosa necessidade de uma ordem geral.

**Ordem** – entendida como o respeito a um conjunto de normas gerais de conduta, legitimamente geradas pelos cidadãos, às quais todos, inclusive o governo, têm que se submeter.

O liberalismo pressupõe, portanto, a existência de um Estado organizado que detenha o monopólio da coerção e de um governo, encarregado de administrar o aparato estatal de compulsão e coerção. O papel essencial do governo é o de impedir – eventualmente punindo-o – que um cidadão possa usar de violência ou fraude para atingir seus objetivos; é o de proteger e preservar a vida, a liberdade, a propriedade e a saúde dos indivíduos; é o de manter o ambiente institucional e o respeito às regras, de modo que possam florescer os talentos e as capacidades individuais.

Em resumo: é o de promover a ordem e a justiça.

**Justiça** – entendida como a aplicação eficaz das normas gerais de conduta a casos concretos, particulares. A aplicação da justiça implica que haja a igualdade de todos perante a lei, que não sejam concedidos privilégios a pessoas ou grupos e que sejam respeitadas as minorias. O ser humano é a menor das minorias.

O regime liberal, no plano político, se caracteriza por garantir a liberdade de expressão, de locomoção, de crença, de reunião, e pela institucionalização da democracia.

**Democracia** – entendida como a liberdade para escolher as pessoas que irão exercer as funções de governo e que, portanto, irão deter o comando do aparato de coerção e compulsão.

Para que haja liberdade de escolha, é indispensável que haja eleições periódicas, que os indivíduos possam se organizar em torno de ideias e princípios que considerem mais adequados para a sociedade e que possam formar partidos políticos de qualquer natureza. Essa liberdade de escolha precisa estar protegida por salvaguardas, de forma a impedir que um partido político, eventualmente no poder, venha a utilizar o aparato de coerção para suprimi-la; uma eventual maioria política não pode ter o direito de suprimir eleições ou de impedir a formação e a atuação de partidos políticos.

O regime liberal, no plano econômico, se caracteriza por assegurar o funcionamento da economia de mercado.

**Economia de mercado** – entendida como liberdade de iniciativa, como responsabilidade individual, como o direito de entrada no mercado para produzir os bens e os serviços que os consumidores desejam. Significa liberdade de contrato representada pelo estabelecimento de preços, salários e juros, sem restrições de qualquer natureza.

O livre funcionamento de uma economia de mercado implica que não sejam concedidos a pessoas ou grupos privilégios tais como subsídios, reserva de mercado, monopólio, licenças cartoriais e protecionismos de qualquer espécie. Implica que prevaleça sempre a soberania do consumidor.

Os Institutos Liberais pretendem contribuir para a divulgação das vantagens do liberalismo através da publicação de livros e textos, da realização de seminários, cursos e palestras e da proposição de políticas alternativas a serem adotadas pelos eventuais ocupantes do poder.

Os Institutos Liberais pretendem, portanto, contribuir para mudar a ideologia dominante em nosso país – o intervencionismo de forma a criar as condições que haverão de permitir que o Brasil se transforme no país rico, próspero, livre e desenvolvido que inegavelmente pode vir a ser.

## CAPÍTULO IV

# A SITUAÇÃO BRASILEIRA

No Brasil de hoje, o equivalente aos feudos da Idade Média, às guildas do mercantilismo, às corporações do fascismo são as empresas estatais ou privadas que vivem à sombra dos privilégios e das proteções concedidos pelo Estado. Não são empresas no verdadeiro sentido do termo. São mais propriamente agências do governo ou cartórios. Seus lucros e seus prejuízos são, em grande parte, determinados pelas decisões do Estado. Ao passarmos da Velha para a Nova República, passamos do corporativismo autoritário para o corporativismo democrático. Embora do ponto de vista do liberalismo ambos sejam indesejáveis, o primeiro é pelo menos mais consistente, enquanto o segundo torna patente a perplexidade que o assola, ao tentar compatibilizar a ampla liberdade política com a grande intervenção do Estado nos assuntos econômicos.

Numa economia livre, o empresário, ao tomar suas decisões, está incondicionalmente sujeito às leis do mercado, à soberania dos consumidores. Se não produzir algo melhor e mais barato, se não atender ao interesse dos consumidores, perderá irremediavelmente a sua posição empresarial. Mas, no regime mercantilista/intervencionista que prevalece em nosso país, não é preciso temer a competição; seja pelo monopólio, pela reserva de mercado, pela carta-patente, pelo subsídio, pelo protecionismo, pelas concorrências fraudulentas, as posições existentes são conservadas. É possível, então, produzir algo pior e mais caro e, ainda assim, ser bem-sucedido. Essas empresas, se assim quisermos chamá-las, já não servem aos consumidores. Subsistem graças aos privilégios dos quais desfrutam. Servem aos interesses dos seus proprietários e dos grupos no poder que lhes concedem os privilégios, em detrimento dos interesses do resto da população. No caso das estatais, servem aos interesses de seus funcionários. Um bom exemplo disso são as doações feitas pelas empresas estatais aos fundos de pensão de seus empregados. São apenas uma consequência lógica do sistema.

Seria extremamente desejável que se permitisse a realização de uma auditoria privada no setor público e que se revelassem à nação seus resultados. Certamente contribuiriam para desmistificar de vez o equívoco representado pelo Estado provedor. O fenômeno dos marajás é apenas um pequeno exemplo; seria de admirar se não existisse.

Nosso país, lamentavelmente, vive ainda o regime mercantilista. Nosso mercantilismo, porém, não poderá durar muito tempo mais; resta apenas saber como será superado: se pelo liberalismo na forma gradual, não violenta, do qual o melhor exemplo foi a Inglaterra, provocando um inegável surto de progresso e desenvolvimento nunca antes sequer imaginado; ou na forma ocorrida com o mercantilismo tardio da União Soviética, substituído pelo regime autoritário e centralizador que ainda hoje vigora na Rússia; ou ainda na forma violenta e ideologicamente confusa da Revolução Francesa, que decapitou o monarca para acabar assistindo à ascensão de um imperador!

Há os que, no Brasil, por evidente desconhecimento, qualificam o liberalismo como uma ideia ultrapassada. Não chegam a perceber que o mercantilismo vigente em nosso país é muito semelhante ao que prevalecia nos países europeus e que foi destronado pela ideia liberal. Na realidade, ultrapassado é o nosso regime econômico, uma espécie de neofeudalismo, no qual o grão-senhor, o Estado, distribui privilégios entre os membros da corte enquanto a grande maioria de vassalos, hoje como ontem, com admiração e respeito, bate à porta do castelo para pedir as graças do senhor.

Uma sociedade democrática como a nossa, para elevar o padrão de vida dos seus cidadãos, terá que utilizar os meios recomendados pela ideologia dominante e pela sua elite intelectual e política. Se quiser fazer de forma diferente, terá que deixar de ser democrática. No nosso país, os meios recomendados e adotados são os mesmos, tanto na Nova como na Velha República. Temos recorrido a uma crescente intervenção do Estado e os resultados obtidos, invariavelmente, não são os desejados.

Para que essa situação mude, não basta mudar os governantes; é preciso mudar a ideologia dominante, o que por sua vez implica em conseguir convencer nossas elites intelectuais e políticas do equívoco que vem sendo cometido. É necessário que ocorra uma efetiva revolução cultural, ou seja, que a ideia liberal se torne popular; que ganhe eleições.

O problema brasileiro, portanto, é sobretudo ideológico; é de escolha de meios. Essa escolha deve ser objetiva, deve ter embasamento teórico e evidência prática de seus resultados, porque mudanças para melhor não ocorrem em função do ardor dos nossos desejos ou da seriedade de nossas intenções; só ocorrem se adotarmos os meios adequados.

Certamente os custos da transformação de um Estado altamente intervencionista, como é o nosso caso, em um Estado liberal, como o proposto, serão elevados, embora temporários. Esses custos são representados por todos os ajustes individuais indispensáveis à passagem de uma situação para outra. Empregos e empresas desaparecerão e outros serão criados. Muitos se verão obrigados a mudar de emprego, de local de trabalho e até mesmo de profissão. É inevitável.

Para que possa ser implantado um regime liberal, é necessário que haja determinação política e apoio popular, ou seja, que o povo deseje a mudança, que as pessoas estejam convencidas de que a maior cooperação social pacífica atende melhor aos seus próprios interesses. Será necessário também que a equipe econômica encarregada de efetuar as mudanças tenha credibilidade e consistência para implementar as medidas necessárias.

Para o período de transição, creio ser valioso o conselho de Álvaro Alsogaray, que comandou uma bem-sucedida transição do mesmo tipo, na Argentina: *"No lo hagam a medias"*. Foi essa também a forma adotada por Ludwig Erhard, na Alemanha, que decretou as medidas de liberdade econômica num fim de semana, para evitar que fosse impedido de fazê-lo pelo general Lucius D. Clay (1898-1978), comandante das forças de ocupação. Vejamos o que diz Erhard em seu livro *Germany's Return to World Markets* [*Retorno da Alemanha à Economia Mundial*]:

> O mais importante era que a iniciativa das empresas privadas e dos trabalhadores fosse livre, enquanto o consumidor decidiria quais os bens que deveriam ser produzidos. Da mesma forma, no comércio exterior, o principal objetivo era remover as barreiras que restringiam o comércio. [...]
>
> Não cabe ao Estado decidir o que exportar ou importar; é a multidão de consumidores, nacionais e estrangeiros, e os seus agentes no mercado, os comerciantes e os empresários, que devem determinar o curso dos negócios. [...] O objetivo é alcançar a máxima divisão do trabalho, abrangendo todos os mercados do mundo. Não devem existir barreiras alfandegárias; devem ser abolidas. A política comercial do nacionalismo econômico procura transformar o comércio exterior em vendas domésticas artificialmente controladas. Tende a estrangular o comércio exterior; seus instrumentos são o protecionismo, o controle de câmbio e, no fundo, o controle de toda a

economia. A política comercial da Alemanha Federal, por outro lado, visa a abolir essas interferências. Quer aumentar o comércio mundial e não diminuí-lo[46].

São palavras de quem fez a mais rápida e mais bem-sucedida transição do intervencionismo em alto grau para uma completa liberdade econômica.

Fazer a transição de uma só vez não significa que todas as medidas deverão ser implementadas ao mesmo tempo e, menos ainda, que produzirão seus efeitos instantaneamente. Significa que devem ser todas anunciadas de uma só vez, embora sua implementação deva levar em conta as consequências específicas de cada caso.

Assim, por exemplo, como já mencionamos anteriormente, a abolição de tarifas ou pelo menos sua redução a uma tarifa alfandegária de 10% a 15% poderia ser feita gradativamente. Inicialmente, as tarifas poderiam ser reduzidas para, digamos, 40%, baixando em seguida, ano a ano, até o limite final determinado. Medidas dessa natureza dariam um tempo para que as indústrias nacionais se ajustassem à liberdade e encontrassem meios de produzir melhor e mais barato para poderem sobreviver.

As consequências da grande mudança de empregos que fatalmente ocorreria, sobretudo do setor público para o setor privado, poderiam ser atenuadas com a criação de alguma forma de seguro-desemprego temporário ou de uma indenização para rompimento

---

[46] ERHARD, Ludwig. *Germany's Comeback in the World Market*. London: George Allen & Unwin, 1954. p. 25.

definitivo do vínculo empregatício. A venda de ativos poderia contribuir significativamente para cobrir essas despesas adicionais decorrentes da indispensável diminuição do efetivo de funcionários públicos.

A transição, portanto, embora firme e consistente, embora anunciada de uma só vez, deve ser feita levando em consideração as circunstâncias específicas e os efeitos colaterais de cada caso; procurando minimizar seus custos, embora consciente de que eles existem e terão de ser suportados.

Há os que dirão que isso tudo é uma utopia.

Não é uma utopia. Um país como o nosso, que tem recursos naturais suficientes para suas necessidades ou suas trocas, que tem uma unidade linguística, que não tem disputas de fronteira, que não tem conflitos raciais importantes ou conflitos religiosos, que tem um povo ordeiro e trabalhador, que já tem uma classe empresarial operante e ativa, tem tudo para, em relativamente pouco tempo, se transformar numa nação rica, livre, próspera e desenvolvida. Basta, para isso, que nossas elites intelectuais e políticas compreendam a necessidade e a conveniência de substituir a intervenção do Estado pela liberdade econômica, pela "revolução permanente", pacífica, não violenta, que poderá acabar com privilégios e vantagens inaceitáveis, reduzir a pobreza e a miséria e restabelecer a soberania do consumidor.

Liberar amplamente a economia não é uma utopia. É algo difícil de ser realizado, que precisa de apoio político, difícil de ser obtido. Pode-se até mesmo alegar que, nas condições atuais, seja improvável sua implementação. Mas não é impossível. Já foi feito antes, e com êxito.

Utopia é pretender que a coerção possa aumentar a produtividade e a cooperação e, consequentemente, o conforto material que todos almejam. Utopia é pretender que esse objetivo possa ser atingido contrariando as leis da ação humana. Utopia, enfim, é imaginar que, aumentando o grau de servidão, será possível aumentar a riqueza, o conforto, a produção, o bem-estar e a felicidade da espécie humana.

As considerações acima foram escritas originalmente em 1988. De lá para cá muita coisa ocorreu: tivemos José Sarney, um presidente retórico e demagógico, que levou o país a uma hiperinflação; tivemos Fernando Collor, um presidente inteiramente envolvido com esquemas de corrupção, que acabou destituído pelo Congresso; tivemos Itamar Franco, um presidente despreparado para governar.

Nesse meio tempo, promulgamos uma nova e economicamente absurda Constituição em 1988 e assistimos à queda do Muro de Berlim em 1989. O fato de que entre um evento e outro tenha decorrido apenas um ano dá bem a medida da grande alienação de nossas elites políticas e de nossas elites intelectuais em geral, que saudaram a nova Constituição como um modelo de documento "progressista" (!?). Tivemos ainda a chance, inteiramente desperdiçada, de fazer em 1993 uma revisão constitucional por maioria simples.

A disputa eleitoral do final de 1994 colocou os eleitores diante de uma opção básica: de um lado, o candidato

Fernando Henrique Cardoso (FHC) propondo-se a acabar de vez com a inflação (tarefa que já tinha iniciado com o Plano Real, elaborado durante sua gestão como ministro da Fazenda), reduzir o tamanho do Estado, reformar a Constituição, abrir a economia e eliminar privilégios; de outro lado, Luiz Inácio Lula da Silva prometendo aos trabalhadores ganhos salariais maiores que a inflação, manutenção da presença do Estado na economia, sustação das privatizações e tentativa de reforma constitucional.

O povo, de forma clara e inequívoca, fez sua escolha: elegeu FHC por maioria absoluta no primeiro turno. Essa manifestação popular tem uma importância transcendental porque, numa sociedade democrática, cabe ao povo definir os rumos que o país deverá seguir. De maneira geral, os líderes políticos bem-sucedidos apenas se colocam à frente do povo, dizendo aquilo que ele quer ouvir. Mesmo que isso signifique fazer hoje um discurso completamente diferente daquele que fazia até pouco tempo atrás.

Depois de tanto sofrer, depois de tanta pobreza, o povo brasileiro fez sua escolha diante de uma opção bem nítida. E, felizmente, fez a boa escolha. Isso é sinal de que as coisas poderão começar a mudar, e para melhor. É sinal, também, de que os políticos terão que mudar seu discurso, adaptando-se aos novos tempos. Devemos ficar satisfeitos com o fato de que as mudanças não ocorrerão em virtude de um líder iluminado ou de um caudilho esclarecido ter nos apontado o bom caminho; ocorrerão porque o povo amadureceu, ainda que apenas por cansaço da demagogia populista e socialista, e amadureceu antes das elites intelectuais, que em sua maioria continuam a crer na ilusão socialista, embora agora com menos fervor e com mais dissimulação.

Não se pode deixar de consignar que o presidente FHC foi um dos principais responsáveis pela desastrosa Constituição de 1988 e que fez sua carreira política defendendo ideias socialistas ou social-democratas – que é a tentativa contraditória de conciliar o socialismo, no campo econômico, com a democracia, no campo político, sem se dar conta de que uma nação, para ser socialista mesmo, não poderá ser democrática e, se for democrática, não conseguirá permanecer socialista.

Não se pode também deixar de consignar que é um fato raro, raríssimo, em qualquer país, ter como presidente da república um homem da estatura moral e intelectual de FHC, mormente tendo sido escolhido por eleições diretas, tão vulneráveis que são à demagogia irresponsável.

Elegemos um presidente de elevado nível cultural, que não é demagogo, que não é corrupto, que é capaz de ser firme e tolerante, que não favorece o nepotismo, que aprecia a discrição familiar, que é trabalhador. Um presidente de quem podemos discordar, mas que não podemos deixar de reconhecer que merece respeito. Quem elege um presidente assim é um país sério. Se o compararmos com Bill Clinton, François Mitterrand (1916-1996), Helmut Kohl (1930-2017), John Major, Carlos Menem, para mencionar apenas os líderes dos países que nos são mais importantes, só teremos motivos para nos orgulhar.

No momento em que escrevo estas linhas, em junho de 1995, a Câmara dos Deputados acaba de votar favoravelmente a última das cinco emendas constitucionais enviadas ao Congresso apenas três meses antes. Nesse curto espaço de tempo, foram revogados pela Câmara dos Deputados o monopólio estadual de distribuição de gás, as restrições às firmas estrangeiras em geral, a proibição de firmas estrangeiras atuarem no campo da mineração, o monopólio das telecomunicações e o monopólio da Petrobras. Todas as votações em dois turnos e por maioria qualificada! E pensar que um ano antes não conseguíamos sequer maioria simples para mudanças elementares; e que, seis anos antes, promulgamos uma Constituição absolutamente insana do ponto de vista econômico!

De fato, muita coisa mudou, mas ainda há muita coisa a mudar. Precisamos com urgência fazer a reforma fiscal, a reforma tributária, a reforma da previdência, a reforma eleitoral, a reforma da federação, a reforma da legislação trabalhista, a reforma da educação e da saúde, a reforma cambial. Mas, pelo menos hoje, temos a sensação de que iniciamos a caminhada, e na boa direção. Há fundadas razões para termos esperança.

É inegável que o presidente FHC reviu algumas convicções que o acompanharam não só durante sua carreira acadêmica, mas também, até bem pouco tempo, na sua carreira política. O reconhecimento de ter havido um certo grau de conversão ideológica poderia ser considerado um imperativo de seriedade intelectual. Como ocorreu com Mario Vargas Llosa. Mas, como também ocorreu com Vargas Llosa, poderia representar a derrota nas eleições. Se for assim, é melhor um social-democrata que ganhe eleições e que faça democraticamente as reformas das quais nosso país tanto necessita do que um autêntico liberal que não tenha a menor chance de ganhar eleições. Afinal, como dizia o líder chinês Deng Xiaoping (1904-1997): não importa a cor do gato, desde que ele coma o rato.

# APÊNDICE

# ALGUNS CASOS CONCRETOS DA REALIDADE BRASILEIRA*

## I – A previdência social compulsória

A previdência social compulsória foi estabelecida, naturalmente, como as demais intervenções, sob o argumento de que seria necessária para atender os mais pobres. Quer dizer: se não fosse a previdência social brasileira, como ficaria um pobre trabalhador na sua aposentadoria? A previdência compulsória foi implantada para amparar a velhice do trabalhador. Mas vejam os senhores como a realidade se mostra diferente, como tudo isso é perverso e como essa perversidade deixaria de existir caso houvesse liberdade de entrada no mercado, caso a previdência não fosse compulsória.

Um trabalhador paga, por mês, 30% de seu salário como contribuição para a previdência social. No seu

---

* Texto extraído da gravação de uma conferência proferida pelo autor deste livro na Associação Comercial do Rio de Janeiro (ACRJ), em setembro de 1987, a convite da Associação dos Diplomados da Escola Superior de Guerra (ADESG). (N. E.)

orçamento esta deve ser, se não a maior, pelo menos uma de suas maiores despesas mensais. É certo que uma parte disso ele recebe de volta em assistência médica, mas poderia, sem dúvida, recebê-la de outra maneira. Pelos números dos quais temos conhecimento, a despesa da previdência com saúde absorve uns 20% do total: 80% é gasto com pagamento de benefícios. E é a esses 80% que queremos nos referir.

Vou ilustrar a iniquidade da previdência relatando um caso pessoal, o meu caso pessoal, porque fornece, de forma muito nítida, os elementos para examinar o assunto. Eu comecei a trabalhar com 18 anos e trabalhei a vida inteira numa empresa só. Minha carteira profissional tem apenas uma assinatura, o que facilita e simplifica muito a documentação, pois trata-se de um empregador só, de uma carteira só, com poucas informações, muito claras, muito precisas. O direito à aposentadoria ocorre após 35 anos de serviço. Mas como sou engenheiro – e, não sei por que, engenheiro pode se aposentar com 30 anos de serviço –, poderia ter me aposentado aos 48 anos de idade. Aposentei-me aos 50 anos. Ora, ocorre que minha expectativa de vida, numa avaliação razoável, tendo em vista ser eu uma pessoa com acesso à boa medicina, à boa alimentação, a um certo conforto, é de 70 anos. Consequentemente, a previdência vai ficar me pagando a pensão máxima durante 20 anos, embora, quando comecei a contribuir, ganhasse menos do que o salário mínimo. É evidente que comigo ela não fez um bom negócio. Quem é que está arcando, em última análise, com o pagamento da minha pensão?

Na verdade, quem está pagando minha pensão são esses trabalhadores, pequenos contribuintes da previdência social, que trabalham alguns anos no Nordeste antes de virem para o sul; que trabalham alguns anos sem carteira assinada, que mudaram 20 vezes de emprego, que ficaram algum tempo desempregados e que, sem qualquer vantagem, vão ter de se aposentar com 35 anos de serviço. Considerando tudo isso e mais as falhas de documentação e mais os períodos de desemprego, o trabalhador acaba se aposentando ali pelos 60 anos de idade. Ocorre, entretanto, que sua expectativa de vida é de 55 anos. Ou seja, morre antes de se aposentar. E aquele dinheiro que ele pagou a vida inteira é usado para pagar minha aposentadoria e a de outros na mesma situação, além de ser usado para pagar o grande volume de fraudes das quais só não tem conhecimento quem não quer.

Ora, as coisas poderiam ser diferentes se a poupança não fosse compulsória, se o trabalhador tivesse o direito de escolher o modelo de previdência que mais lhe conviesse. Se houvesse liberdade e se o trabalhador pudesse escolher, alguém lhe ofereceria não apenas um, mas dois, três, cinco, dez planos de aposentadoria, dizendo: "se o senhor quiser se aposentar aos 52 anos, o senhor paga, agora, uma importância mensal de 10; se o senhor quiser se aposentar aos 55, paga uma importância de 9; se o senhor quiser se aposentar aos 60 ou 65, o senhor paga, agora, uma contribuição de 2, de 1". Então, o próprio trabalhador poderia avaliar as diversas alternativas, de acordo com as suas condições no momento, e concluir: "eu prefiro pagar 2 a pagar 10 – porque estes 8 me fazem falta hoje – e, consequentemente, só me aposentar depois de 60 anos". Entretanto, por ser compulsória, a Previdência é essa perversidade que se pode constatar. Embora ninguém possa dizer que ela foi feita para atender aos mais ricos, na realidade ampara aqueles que têm maior expectativa de vida ou aqueles muitos que conseguiram uma forma de fraudá-la.

## II – O monopólio estatal do petróleo

O monopólio estatal do petróleo é um orgulho nacional. A Petrobras é uma empresa que figura entre as maiores do mundo. É tida como uma empresa eficiente, uma empresa que produz 500 mil barris de petróleo por dia. E responsável por toda nossa produção, pelo refino e por grande parte da distribuição de petróleo. Preferimos falar da Petrobras porque ela é, realmente, uma das mais bem-dotadas, das mais eficientes empresas estatais. Se nós optássemos por falar das outras, as contradições emergeriam, por certo, com muito mais evidência. Mas é da própria Petrobras que devemos falar. E, nesse sentido, vamos refazer uma pergunta: alguém se dá conta do que poderia acontecer para este nosso país se houvesse liberdade de entrada no mercado?

É claro que se fosse dado a todos, a quem quisesse, o direito de produzir combustível, de vender combustível, certamente nós teríamos um combustível melhor e mais barato do que o produzido pela Petrobras. Mas em nome de uma segurança nacional, em nome de um medo das multinacionais, se estabelece um monopólio, que é considerado intocável, inquestionável. Quem se manifesta contra o monopólio é considerado alguém sem patriotismo, um vendido às multinacionais. Diríamos, só para ampliar a argumentação, que, se é este o problema, por que não deixar, então, que um brasileiro possa produzir? O empresário brasileiro! Como garantia, poder-se-ia estabelecer que, se algum estrangeiro possuísse ações de uma empresa produtora de combustível, essas ações seriam automaticamente confiscadas. Nenhum estrangeiro se atreveria a investir havendo uma discriminação como essa. Fique claro que não estamos defendendo essa tese, mas apenas ilustrando o fato para demonstrar a falácia representada pelo monopólio estatal do petróleo.

A Petrobras – lamentamos muito dizê-lo – não é uma empresa. A Petrobras é uma agência do governo. Quem tem seus custos e sua receita determinados por decreto ou por portaria não é uma empresa, é uma agência do governo; da mesma maneira que as empresas privadas, que têm seus preços ou sua receita definidos pelo governo, e que têm seus custos igualmente definidos pelo governo, não são empresas, são cartórios. O mal não se localiza, portanto, apenas no caso da empresa estatal, mas se estende também ao caso da empresa privada cartorial. A rigor, o problema não é privatizar a Petrobras. É acabar com o monopólio. Que a Petrobras continue existindo, que continue funcionando! Mas que seja dada liberdade de entrada no mercado, que seja dada liberdade para outros produzirem. A Petrobras já se encontra, indubitavelmente, com uma dianteira enorme: com uma grande infraestrutura, com refinarias, com plataformas, com tudo mais. Mas que se permita entrar no mercado quem quiser produzir melhor e mais barato. Que se permita entrar no mercado quem quiser investir seu capital, sem precisar cobrar isso no preço, como a Petrobras quer fazer, embutindo no preço dos combustíveis uma margem suficiente para cobrir seus investimentos, sobre os quais, na verdade, nada se sabe precisamente.

Com franqueza, o que são os investimentos da Petrobras? Para que, especificamente, ela destina seus recursos? Qual o critério de prioridade? Os que puderem ter acesso a essa intimidade hão de ficar, certamente, estarrecidos. Insistimos: que a Petrobras passe a competir com outras empresas, que seja obrigada a servir ao consumidor e não à sua burocracia! Para quem não sabe, aquele belo edifício da Petrobras foi vendido, há cinco anos, para o fundo de previdência dos seus empregados, por US$ 30 milhões e, em seguida, alugado à própria Petrobras, não se sabe em que condições. No mesmo ano em que a Petrobras vendeu seu edifício para o fundo de previdência dos funcionários por US$ 30 milhões, nesse mesmo ano, ela doou ao mencionado fundo US$ 60 milhões. É inevitável a pergunta: de onde vem isso? É inevitável a resposta: do preço do combustível que todos nós pagamos. A Petrobras não precisa servir ao consumidor; ela tem de servir a um hipotético interesse nacional, que é definido por "eles mesmos". Certamente, estão defendendo o interesse nacional os dois funcionários, sentados um em frente ao outro, um vendendo o edifício e o outro comprando, numa decisão da qual, seguramente, nenhum dos senhores participou e da qual a sociedade não tomou conhecimento.

## III – A dívida externa

Por que o Brasil tem uma dívida externa? O Brasil, a nação, por que tem uma dívida? Se alguém deve ao Bradesco e não paga, essa dívida não é transformada numa dívida nacional interna. É apenas um problema entre o devedor e o Bradesco, que executa as respectivas garantias. Por que quando alguém toma dinheiro emprestado ao Citibank ou ao Chase Manhattan Bank, no exterior, e não paga, em vez de serem executadas as garantias, é o governo brasileiro que se torna responsável pela dívida? Por que transformar em dívida nacional o que, na realidade, é uma dívida de pessoa privada (ou mesmo de empresa estatal) para pessoa privada, no caso, o banco no exterior? Por que a intromissão do Estado nessa transação? Porque o Estado tem o monopólio de câmbio. Porque as operações de câmbio só podem ser realizadas através do Estado. E é por isso que a dívida brasileira não é uma dívida de pessoas para pessoas, de pessoas jurídicas para pessoas jurídicas, é uma dívida da nação brasileira para pessoas de direito privado estrangeiro. A Alemanha não tem uma dívida nacional; os Estados Unidos não têm uma dívida nacional. Se um banco japonês empresta para um empresário norte--americano e este fica inadimplente, o banco japonês vai executar o empresário norte-americano. E a nação norte-americana não fica devendo por isso.

As consequências da intervenção são invariavelmente desastrosas. É urgente que nós compreendamos isso e acabemos com isso! Acabemos com o monopólio de câmbio; liberemos o câmbio de uma vez por todas, para que nunca mais um problema bancário que se resolveria pela simples execução de garantias possa ser transformado numa questão nacional ou internacional.

Costuma-se dizer que – no caso brasileiro, diferentemente dos casos mexicano e argentino – o dinheiro veio para se fazerem grandes obras, tais como Itaipu, Carajás, Açominas etc... Foi, pelo menos, "investido". Esse é mais um equívoco. Na verdade, Itaipu, Carajás, Açominas etc. foram realizadas com cruzeiros, com moeda nacional. A parcela importada para essas obras pode ser absorvida por nossas exportações de soja, café, sapato etc... Os dólares que essas companhias tomaram emprestados, que a Petrobras tomou emprestados, que a Eletrobras tomou emprestados, que a Açominas tomou emprestados, não ficaram para a Açominas, para a Eletrobras, para a Petrobras; elas receberam a importância correspondente em cruzeiros e os dólares foram empregados para pagar as importações brasileiras, cujo valor aumentou muito a partir de 1973 devido ao enorme aumento do preço do petróleo.

Quando o mundo inteiro reduzia seu consumo de combustível, quando o mundo inteiro andava de bicicleta e só utilizava o carro em dias alternados, nós vivíamos a alienação da Ilha da Fantasia e continuávamos importando. Fomos a única das grandes economias do mundo que aumentou seu consumo de combustível, apesar da crise. Se considerarmos nosso consumo de petróleo em 1973 e o aumento de preço que tivemos que pagar de 1973 a 1983, em decorrência do primeiro e do segundo choque, e se acrescentarmos a isso o juro correspondente, atingiremos a impressionante cifra de US$ 100 bilhões. De fato, nós tomamos US$ 100 bilhões emprestados para pagar o aumento do preço do petróleo. Esse dinheiro não foi investido produtivamente; daí hoje nós não termos como pagar essa dívida. Se não houvesse o monopólio de câmbio, isso não aconteceria. Até porque, muito provavelmente, os bancos não emprestariam o dinheiro.

## IV – As concorrências públicas

Para ampliar mais ainda o horizonte de nossas ilustrações, vamos comentar mais um caso, que talvez os senhores desconheçam. Referimo-nos à forma como são feitas as concorrências públicas para as grandes obras no Brasil. O normal seria proceder como faz o Banco Mundial. Inicialmente, pede-se uma série de documentos para verificar a habilitação técnica do concorrente. Uma empresa que tenha uma certa habilitação mínima, mesmo que seja menor que a de outro concorrente, poderá apresentar seu preço. Entre os que têm a habilitação mínima, o que apresentar a melhor proposta de preço é o ganhador da concorrência e é, consequentemente, o contratado.

Ora, esse processo deixa pouca margem para a corrupção, porque todos procuram oferecer o preço menor, e aqueles que o aumentarem para deixar uma margem à corrupção acabam perdendo a concorrência. Todavia, nossa "imaginação", nossa "criatividade", fez surgir um método que, ao que nos consta, não tem precedente em parte alguma do mundo.

Aqui no Brasil, segue-se a seguinte dinâmica: para uma concorrência de um trecho do metrô, de uma usina hidrelétrica, de uma aciaria, pede-se uma proposta técnica e uma proposta de preço. A proposta de preço é feita nas seguintes condições: o preço fica limitado a um intervalo de 10% abaixo e 10% acima do orçamento oficial. Pode-se até dizer: "isso é uma prática natural, de boa gestão: quem propõe um preço muito baixo acaba não fazendo a obra, e um preço muito alto não convém ao Estado". Mas ocorre o seguinte: o preço estabelecido pelo Estado é extremamente generoso, intencionalmente generoso. Em decorrência desse fato, as propostas são cotadas por um valor 10% abaixo do orçamento oficial, que é o preço mínimo permitido. Se não fosse proibido, alguém ofereceria um preço menor; mas se assim o fizer será desclassificado. Dessa forma, todos propõem 10% abaixo do orçamento oficial. E todos empatam no preço! Esse modelo de concorrência, tão extraordinariamente *sui generis*, faz com que todas as propostas apresentadas tenham o mesmo preço! E, aí, como é que se decide?

Volta-se às propostas técnicas. Uma comissão de três membros examina essas propostas e lhes atribui uma nota técnica. Ora, convenhamos, o exame de uma proposta técnica traz uma certa dimensão de subjetividade. O grau, a nota que vai ser atribuída subjetivamente à proposta técnica passa a ser decisiva. Dessa maneira, as autoridades têm condições de determinar a priori quem vai ganhar a obra. Quem "for escolhido" prepara uma proposta técnica que seja imbatível, que se mostre a mais suntuária possível, com maquetes, gráficos, perspectivas, para "justificar" a melhor nota e, assim, como todos empataram no preço, "vencer" a concorrência. Foi esse o processo adotado no caso da Ferrovia Norte-Sul. Como revelou um jornalista da *Folha de S. Paulo*, já se sabia *a priori* quem iria ganhar. Lamentavelmente é esse o sistema usado. É através de processos como esses, é com intervenções desse tipo que vamos fazendo com que este país não seja o país que poderia ser, que todos gostaríamos que fosse.

## V – Os investimentos e as tarifas

Estamos acostumados a ler nos jornais declarações de autoridades dando-se um ar de bons gestores, de empresários, dizendo que os investimentos feitos pelas empresas estatais precisam dar um retorno mínimo razoável que permita remunerar o investimento. Mencionam geralmente a taxa de 12% ao ano. Aos mais desavisados, a afirmativa soa consistente e sensata; se fosse um investimento privado, pensam alguns, o empresário ganancioso quereria um retorno maior; mesmo sendo público, não se deve dar o serviço de graça – precisa haver um retorno.

Essa afirmativa é um completo *nonsense*, simplesmente porque estabelece que deve haver uma remuneração para o investimento, qualquer que seja o investimento! Se uma usina hidrelétrica custou o dobro, devido ao sistema de concorrência adotado no Brasil, o investimento a ser remunerado é também o dobro! Se o investimento é inútil, como tantos feitos pelo Estado, não tem cabimento falar em taxa de retorno. Como nesses setores não há competição, não sabemos sequer quanto poderiam custar as tarifas de eletricidade, comunicações, água, gás, combustíveis se fosse permitido que a iniciativa privada investisse nessas áreas, se houvesse um clima institucional favorável aos investimentos privados nos setores em que o Estado detém o monopólio.

O fato de os investimentos públicos custarem sempre bem mais caro em virtude da forma como são feitas as concorrências, o fato de os gestores das estatais estarem mais preocupados com os interesses da burocracia do que com os do consumidor, obriga que todos nós paguemos tarifas maiores do que as que seriam estabelecidas em regime de competição.

Como se já não bastasse, as autoridades continuam com seu festival de disparates; alegam que as tarifas têm que ser suficientemente altas para possibilitar os investimentos estatais! Ora, isso é um absurdo! É como se a Volkswagen anunciasse que seu carro tem que ser mais caro porque ela vai construir uma nova fábrica, ou que o Pão de Açúcar cobrasse um adicional nos seus supermercados porque quer construir uma nova loja no Maranhão ou em Moscou.

Os exemplos ilustram bem o que ocorre quando a soberania deixa de ser do consumidor e passa a ser do

Estado monopolista. Os mais onerados pelas maiores tarifas dos serviços essenciais são os mais carentes. O combustível e a energia, por exemplo, representam uma maior percentagem dos salários menores do que das grandes rendas.

Esses são apenas alguns exemplos do descompasso existente entre os objetivos pretendidos e os resultados alcançados.

A situação é a mesma em inúmeros outros casos concretos: no ensino superior gratuito, na Lei do Inquilinato, no congelamento das mensalidades escolares privadas, no saneamento dos bancos estaduais, nas cartas patentes, no subsídio à agricultura e à indústria, na proteção tarifária, na estabilidade do emprego, nos salários mínimos, na reforma agrária etc. etc. etc.

Quanto mais rapidamente compreendermos o equívoco que estamos cometendo, mais rapidamente transformaremos esse nosso país na nação rica que poderemos vir a ser. Enquanto isso não acontecer, continuaremos sendo apenas um grande país do Terceiro Mundo, uma colônia do nosso próprio Estado.

# BIBLIOGRAFIA

ALSOGARAY, Alvaro. *Consequências do Populismo Estatizante na Argentina*. São Paulo: Instituto Liberal, 1988. (Série A Ideia Liberal – Textos escolhidos, n. 1).

BASTIAT, Frédéric. *A Lei*. Rio de Janeiro: José Olympio; Instituto Liberal, 1987. (Série Pensamento Liberal, n. 5).

BAUER, P. T. *Reality and Rhetoric, Studies in the Economics of Development*. Cambridge: Harvard University Press, 1984.

BLOCK, Walter. *Defending the Undefendable*. New York: Fleet Press Corporation, 1976.

BÖHM-BAWERK, Eugen von. *A Teoria da Exploração do Socialismo-Comunismo*. Rio de Janeiro: José Olympio; Instituto Liberal, 1987.

BRUCKBERGER, R. L. *Le Capitalisme*: Mais C'est la Vie!. Paris: Plon, 1982.

BUTLER, Eamonn. *A Contribuição de Hayek às Ideias Políticas e Econômicas de Nosso Tempo*. Rio de Janeiro: Instituto Liberal / Nórdica, 1987.

CAMPOS, Roberto. *Além do Cotidiano*. Rio de Janeiro: Record, 1985.

_____. *A Moeda, o Governo e o Tempo*. Rio de Janeiro: Apec, 1964.

ERHARD, Ludwig. *Germany's Comeback in the World Market*. London: George Allen & Unwin, 1954.

FRIEDMAN, Milton. *Capitalismo e Liberdade*. Rio de Janeiro: Artenova, 1977.

_____; FRIEDMAN, Rose. *Liberdade de Escolher: O Novo Liberalismo Econômico*. Rio de Janeiro: Record, 1980.

GORBACHEV, Mikhail. *Perestroika: Novas Ideias para o Meu País e o Mundo*. São Paulo: Nova Cultural, 1987.

GRAY, John. *Liberalism*. Minneapolis: University of Minnesota Press, 1986.

HAYEK, F. A. *A Tiger by the Tail*. London: The Institute of Economic Affairs, 2nd ed., 1978.

_____. *Capitalism and the Historians*. Chicago: Phoenix Books; The University of Chicago Press, 1963.

_____. *Desemprego e Política Monetária*. Rio de Janeiro: José Olympio Editora / Instituto Liberal, 1985. (Série Pensamento Liberal, n. 2).

_____. *Desestatização do Dinheiro*. Rio de Janeiro: Instituto Liberal, 1986.

_____. *Direito, Legislação e Liberdade*. São Paulo: Visão, 1985. 3v.

_____. *Nuevos Estudios en Filosofía, Política, Economía e Historia de las Ideas*. Buenos Aires: Editorial Universitaria de Buenos Aires, 1981.

_____. *O Caminho da Servidão*. Rio de Janeiro: Instituto Liberal, 1984.

_____. *Os Fundamentos da Liberdade*. São Paulo: Visão, 1983.

_____. *Studies in Philosophy, Politics and Economics*. Chicago: The University of Chicago Press, 1967.

HAZLITT, Henry. *Economia numa Única Lição*. Rio de Janeiro: José Olympio Editora / Instituto Liberal, 1986.

_____. *From Bretton Woods to World Inflation*: A Study of Causes and Consequences. Chicago: Regnery Gateway, 1984.

HUME, David. *Moral and Political Philosophy*. Nova Iorque: Hafner Publishing Company, 1948.

JOHNSON, Paul. *Tempos Modernos: O Mundo dos Anos 20 aos 80*. Rio de Janeiro: Instituto Liberal, 1990.

KIRZNER, Israel M. *Competição e Atividade Empresarial*. Rio de Janeiro, Instituto Liberal, 1986.

_____. *The Economic Point of View*. Kansas City: Sheed and Ward, 1976. (Coleção Studies in Economic Theory).

LAL, Deepak. *A Pobreza das Teorias Desenvolvimentistas*. Rio de Janeiro: Instituto Liberal, 1987.

LEME, Og Francisco. *A Ordem Econômica*. Rio de Janeiro: ACRJ / CDLRio / Instituto Liberal, 1986. (Série O Que Há de Errado com o Nosso País?, n. 1).

LEPAGE, Henri. *Tomorrow, Capitalism: The Economics of Economic Freedom*. La Salle: Open Court Publishing Company, 1982.

MASCARENHAS, Eduardo. *Brasil: De Vargas a Fernando Henrique*. Rio de Janeiro: Nova Fronteira, 1994.

MERQUIOR, José Guilherme. *A Natureza do Processo*. Rio de Janeiro: Nova Fronteira, 1982.

_____. *O Argumento Liberal*. Rio de Janeiro, Nova Fronteira, 1983.

_____. *O Marxismo Ocidental*. Rio de Janeiro: Nova Fronteira, 1987.

MISES, Ludwig von. *A Mentalidade Anticapitalista*. Rio de Janeiro: José Olympio / Instituto Liberal, 1987.

_____. *As Seis Lições*. Rio de Janeiro: José Olympio / Instituto Liberal, 1985.

_____. *Human Action: A Treatise on Economics*. Chicago: Contemporary Books, 3rd ed., 1966.

_____. *Liberalismo*. Rio de Janeiro: José Olympio / Instituto Liberal, 1987.

_____. *O Mercado*. Rio de Janeiro: José Olympio / Instituto Liberal, 1987. (Série Pensamento Liberal, n. 4).

_____. *Planning for Freedom: And Sixteen Other Essays and Addresses*. Illinois: Libertarian Press, 4th ed., 1980.

_____. *Socialism: An Economic and Sociological Analysis*. Indianapolis: Liberty Classics, 1981.

_____. *The Theory of Money and Credit*. Indianapolis: Liberty Classics, 1980.

_____. *Uma Crítica ao Intervencionismo*. Rio de Janeiro: Instituto Liberal / Editorial Nórdica, 1987.

MONOD, Jacques. *O Acaso e a Necessidade*. Rio de Janeiro: Vozes, 1971.

NORTH, Douglass. *Custos de Transação, Instituições e Desempenho Econômico*. Rio de Janeiro: Instituto Liberal, 1994. (Série Ensaios e Artigos).

NOZICK, Robert. *Anarchy, State, and Utopia*. New York: Basic Books, 1974.

POPPER, Sir Karl R. *A Sociedade Aberta e Seus Inimigos*. Belo Horizonte / São Paulo: Itatiaia / Editora da Universidade de São Paulo, 1974. 2v. (Coleção Espírito do Nosso Tempo).

RAND, Ayn. *La Virtud del Egoísmo*. Buenos Aires: Biblioteca del Objetivismo / Plastygraf, 1985.

_____. *Philosophy: Who Needs It*. Indianapolis: The Bobbs-Merrill Company, 1982.

_____. *Quem é John Galt?*. Rio de Janeiro: Expressão e Cultura, 1987.

ROTHBARD, Murray N. *America's Great Depression*. Kansas City: Sheed and Ward, 1975. (Coleção Studies in Economic Theory).

_____. *Esquerda e Direita*. Rio de Janeiro: José Olympio; Instituto Liberal, 1986. (Série Pensamento Liberal, n. 3).

_____. *For a New Liberty: The Libertarian Manifesto*. New York / London: Collier Books / Macmillan Publishing, 1978.

_____. *O Essencial von Mises*. Rio de Janeiro: Instituto Liberal, 1984. (Série Pensamento Liberal, n. 1).

RUEFF, Jacques. *Les Fondements Philosophiques des Systèmes Économiques*. Paris: Payot, 1967.

SCHUMPETER, Joseph A. *Capitalismo, Socialismo e Democracia*. Rio de Janeiro: Zahar, 1984.

SMITH, Adam. *A Riqueza das Nações: Uma Investigação sobre a Natureza e as Causas da Riqueza das Nações*. São Paulo: Hemus, 1981.

_____. *The Theory of Moral Sentiments*. Indianapolis: Liberty Classics, 1976.

SOWELL, Thomas. *Is Reality Optional?: And Other Essays*. Stanford: Hoover Institution Press, 1993.

SORMAN, Guy. *A Nova Riqueza das Nações*. Rio de Janeiro: Instituto Liberal / Editorial Nórdica, 1987.

_____. *A Solução Liberal*. Rio de Janeiro: José Olympio / Instituto Liberal, 1986.

SOTO, Hernando de. *El Otro Sendero*. Lima: Editorial El Barranco, 1986.

TOCQUEVILLE, Alexis de. *O Antigo Regime e a Revolução*. Brasília: Editora Universidade de Brasília, 1979. (Coleção Pensamento Político, n. 10).

WHITE, Lawrence H. *Free Banking in Britain: Theory, Experience, and Debate, 1800-1845*. Cambridge: Cambridge University Press, 1984.

O padre Robert A. Sirico, em O *Chamado do Empreendedor*, mostra que virtude, fé, caráter e demais temáticas morais, estão longe de contradizerem o empreendedorismo. Com um cuidado primoroso em não macular os ensinamentos da doutrina católica, Sirico não deixa, todavia, de explanar que o livre mercado pode ser uma via de virtudes, sabedorias e autoconhecimentos. O livro em questão se transforma em uma enorme distopia clerical ante os purpurados que abraçam o socialismo como modelo sacrossanto de sociedade; ter um padre defendendo o livre mercado com tamanha capacidade e competência, nos fará repensar o que realmente é caridade e o que é tão somente assistencialismo e idolatria ao fracasso econômico e social. Além do prefácio original de William E. LaMothe, a presente edição inclui uma apresentação de Adolpho Lindenberg e um posfácio de Antonio Cabrera. Os três autores são cristãos e empreendedores cujos testemunhos corroboram a análise do padre Robert Sirico.

A trajetória pessoal e o vasto conhecimento teórico que acumulou sobre as diferentes vertentes do liberalismo e de outras correntes políticas, bem como os estudos que realizou sobre o pensamento brasileiro e sobre a história pátria, colocam Antonio Paim na posição de ser o estudioso mais qualificado para escrever a presente obra. O livro *História do Liberalismo Brasileiro* é um relato completo do desenvolvimento desta corrente política e econômica em nosso país, desde o século XVIII até o presente. Nesta edição foram publicados, também, um prefácio de Alex Catharino, sobre a biografia intelectual de Antonio Paim, e um posfácio de Marcel van Hattem, no qual se discute a influência do pensamento liberal nos mais recentes acontecimentos políticos do Brasil.

*Coletivismo de Direita* traz uma crítica duríssima à onda direitista que se vende como anticomunista, porém, que não necessariamente se mostra favorável às liberdades individuais. O que mais assusta na análise de Jeffrey A. Tucker é a lucidez com que disseca os movimentos populistas da direita contemporânea, que não raramente estão mancomunados com turbas racistas, eugenistas e xenófobas. Como um discurso de amor à pátria pode esconder um desejo insano de pureza racial? Como pregações moralistas rapidamente escusam apelos criminosos contra grupos determinados? Tucker responde tudo isso indo muito além dos clichês ideológicos. Além da tradução do prefácio de Deirdre McCloskey, publicado na versão original em inglês, a presente edição conta com uma apresentação de Raphaël Lima e um posfácio de Yago Martins.

**Acompanhe a LVM Editora nas Redes Sociais**

[f] https://www.facebook.com/LVMeditora/

[○] https://www.instagram.com/lvmeditora/

**LVM** EDITORA | **INSTITUTO Liberal**

Esta edição foi preparada na família
tipográfica Sabon (texto) e Cubano (títulos)
para LVM Editora e Instituto Liberal em
março de 2023.

**Impressão e Acabamento | Gráfica Viena**
Todo papel desta obra possui certificação FSC® do fabricante.
Produzido conforme melhores práticas de gestão ambiental (ISO 14001)
www.graficaviena.com.br